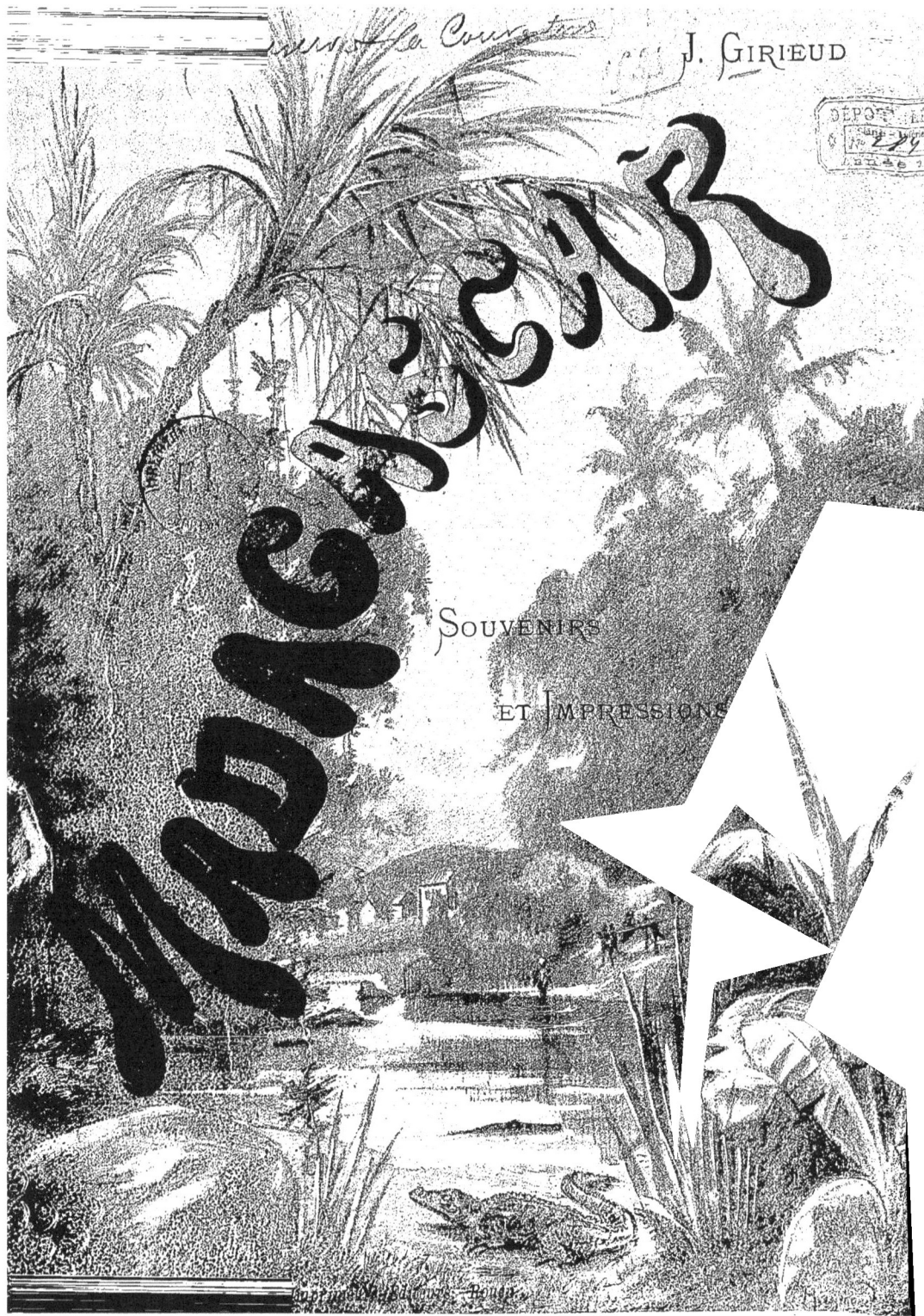

J. GIRIEUD

MADAGASCAR

SOUVENIRS ET IMPRESSIONS

SOUVENIRS ET IMPRESSIONS

MADAGASCAR

SOUVENIRS ET IMPRESSIONS

MADAGASCAR

J. GIRIEUD

Illustrations de MM. Raymond Deshays, J. Girieud, E. Morel

Ch. Rambert, etc.

ROUEN

ÉMILE DESHAYS ET Cᵉ, IMPRIMEURS-ÉDITEURS

58, rue des Carmes, 58

—

1897

ce livre, à l'occasion de sa fête.

28 Août 1897.

J. G.

À mes malheureux compagnons tombés sur la Grande-Terre (1883-1886), respectueux hommage et tendre souvenir.

DE MARSEILLE A TAMATAVE

Le 1er juillet au matin, nous embarquons sur le « Sydney », grand paquebot de la compagnie des Messageries Maritimes, de la force de 3.000 chevaux, faisant le service de l'Australie. A midi, l'ancre est levée et le bateau prend sa course majestueuse sur l'onde.

Bientôt la grande ville disparait à nos regards. Nous arrivons en vue de Toulon, aux imposantes fortifications. Voici la Corse aux villages pittoresquement enfouis dans un feuillage sévère; nous passons le détroit de Bonifacio. Voilà la Sardaigne. Par une mer d'un calme extraordinaire, nous arrivons au côtes de Sicile; nous voici dans le détroit de Messine ; à droite, la ville de Messine qui est construite en gradins et dont les maisons blanches à plates-formes se détachent nettement dans la verdure; à gauche, s'étendent les montagnes de la Calabre qui forment la botte de l'Italie. Beaucoup de plantations d'oliviers, çà et là quelques coquets bastidons.

Le 4 et le 5, nous tenons la pleine mer qui est houleuse ; quelques lames déferlent sur le pont, les passagers gardent leur cabine, le roulis se fait fortement sentir et plusieurs d'entre-nous sont pris du mal de mer. Vers le soir cependant, l'onde redevient calme et, dans la nuit, elle reprend sa placidité des premiers jours.

Le lendemain, à six heures du matin, nous approchons rapidement des côtes ; bientôt on aperçoit à l'horizon comme une ligne blancbâtre qui tranche sur la couleur foncée de la mer ; c'est Port-Saïd.

. .
.

Vers sept heures la ville apparait avec son grand phare, ses maisons blanches semblant émerger de l'eau, comme une ville construite sur pilotis. La rive est à flottaison de la mer. Nous entrons dans la rade.

Port-Saïd s'étend le long de la mer et est habité par 9.000 âmes. C'est une ville toute européenne où l'on remarque quelques jolis établissements. Citons en passant le Club égyptien, le Château des fleurs, le Télégraphe, l'hotel des Messageries maritimes, le Palais de cristal, coquet café-concert. Presque toutes les habitations sont de construction européenne avec des boiseries à jour d'un charmant effet.

Comme dans toutes les villes ottomanes ou égyptiennes, la population féminine est presque invisible. Parfois cependant on aperçoit un baïh de soie ou de laine, cachant une femme qui disparait aussitôt. La population masculine est représentée par des négociants français, anglais, italiens et par des juifs arabes ou égyptiens : ces derniers forment la population cosmopolite, gens bizarres, criards, se querellant sans cesse.

Un de ces naturels, exerçant la profession de sorcier, vient sur le bateau exécuter une série de tours de prestidigitation qui nous émerveillent au plus haut point.

. .
.

A midi nous entrons dans le canal de Suez, travail qui fut entrepris sous Néchao, puis sous Darius, terminé sous Ptolémée et obstrué au VII° siècle.

Ce travail fut repris par Ferdinand de Lesseps qui parvint à terminer l'ouvrage en 1869, après dix années de persévérants efforts.

Le canal s'ouvre à Port-Saïd, en deux jetées, l'une de 2.500, l'autre de 1.900 mètres ; il est creusé à travers les lagunes du lac Mesgalet.

A première vue, ce canal ne semble pas mériter la grande réputation qui lui a été faite ; le voyageur est complètement désillusionné en présence du triste aspect du pays. A droite le désert de Lybie, à gauche celui d'Arabie, immenses plaines de sable, sans aucune végétation, brûlées par un soleil de feu. On est saisi de tristesse. De loin en loin on aperçoit quelques chameliers faisant rouler des tourbillons de poussière sous les pieds de leurs montures. Parfois on remarque le lit d'un oued desséché, garni çà et là de touffes de *arin*, grande graminée que broutent les chameaux. Les vents emportent les sables. Tenus en suspension dans l'air, poussés par les rafales, ces sables tombent sur le sol lorsque la cause qui les a mis en mouvement vient à s'affaiblir, ou lorsqu'ils rencontrent un obstacle qui les arrête. Alors grain à grain ils s'accumulent, s'étendent en couches plus ou moins épaisses, emplissent toutes les dépressions, s'étagent en dunes. Mais activées par les courants atmosphériques, les molécules arénacées surmontent l'obstacle, le grimpent, puis elles recommencent leur voyage. Les plus lourdes sont traînées à terre, tandis que les plus légères s'élèvent en nuages de poussière qui franchissent des distances immenses et que rien n'arrête, — pas même les fleuves et les lacs, pas même les montagnes.

Il faut voyager dans ce pays pour avoir une idée juste des difficultés vaincues pour le percement de ce canal, au milieu du sable, et de l'opiniâtreté qu'il a fallu pour mener à bien semblable entreprise.

Le canal n'a guère plus de 50 à 60 mètres de largeur dont 30 à peu près sont navigables. La ligne de navigation est tracée par des bouées placées de distance en distance. Tout le long du parcours, des gares sont établies où les bâtiments qui descendent peuvent se remiser pour laisser le passage à ceux qui remontent et *vice versa*.

On doit dire, à la vérité, que la navigation est assez pénible. L'exiguïté du canal occasionne de nombreux accidents qui apportent de grands retards dans la traversée. Il arrive très souvent que des bâtiments sont ensablés et on a mille peines à les dégager.

Un navire anglais se trouvant devant nous, obstrue le passage et nous oblige à nous garer et à attendre le lever du jour pour continuer notre route, car la navigation est interdite la nuit.

Vers sept heures du matin, le « Rambrohesler », trois mâts anglais, arrive droit sur nous; son avant rase de quelques centimètres le paquebot et nous ne devons qu'à l'habileté de notre pilote l'heureuse fortune d'éviter un choc qui eût certainement occasionné de fortes avaries.

Tout le long du canal on rencontre des dragues qui sont chargées journellement de déblayer le passage.

A dix heures nous arrivons en face d'Ismaïlia, bâtie sur le lac Timsah, que nous laissons à tribord et dont nous n'apercevons que les constructions en briques rouges au milieu d'un épais massif de verdure. Nous voyons au loin une caravane de plus de trois cents chameaux. Au sortir d'une gare, un jeune égyptien d'une dizaine d'années se met à suivre le paquebot au pas de course. On lui jette des morceaux de biscuit de troupe sur lesquels il se précipite avec avidité.

Le gamin fournit ainsi, par une chaleur torride, dans le sable brûlant, une course folle de près de trois kilomètres, sans paraître aucunement essoufflé. Lorsqu'il jugea sa provision de biscuits suffisante, il disparut en la croquant à belles dents.

A une heure, après avoir dépassé une gare magnifiquement ombragée, nous entrons dans les grands lacs salés. La vue est des plus agréable ; tous les tons vifs de la palette d'un peintre s'étalent à nos yeux. L'immense nappe d'eau, couleur bleu foncé, est bordée d'un côté par quelques collines aux rochers grisâtres, mêlés de sable dont les reflets viennent dorer les flots toujours calmes que la brise seule ou le sillage d'un navire font rider et dont l'aspect poétique rappelle la description du lac de Lamartine.

De l'autre côté, ce n'est qu'une vaste plaine de sable gris-jaune ; on voit quelques bancs de sel dont la couleur, d'un blanc immaculé, tranche nettement avec l'azur de l'onde, le gris-jaune de la plaine et le bleu-clair du ciel ; ajoutez, au milieu de cette riche palette, l'éclat majestueux du soleil.

A six heures du soir, on aperçoit à tribord, dans le lointain, les maisons blanches de Suez, que le soleil couchant ceint d'une auréole flamboyante. L'effet est des plus pittoresque et des plus majestueux.

. *
* *

A sept heures, nous stoppons à l'entrée de la rade, après avoir longé un quai bordant le canal et emplanté d'arbres nombreux.

Suez est une ville construite à l'européenne ; naguère une bourgade, la grande œuvre de M. de Lesseps lui assure aujourd'hui un avenir considérable.

Les quais sont encombrés de marins de diverses nationalités, commerçants, courtiers, portefaix, fellahs. Des bateaux de pêche ou de cabotage dont quelques uns ont conservé dans leurs façons l'élégant gabarit de la galère antique, affluent dans la rade.

A huit heures et demie nous entrons dans la mer Rouge. Ici que de souvenirs ! quelles épopées géantes se présentent à l'esprit ! C'est d'abord le passage du lac Gerbonis, où les Israélites échappèrent à la furieuse poursuite de Pharaon. Plus loin, le mont Sinaï dont la cime hardie se perd dans le ciel bleu : quel décor magnifique, Moïse sut choisir là, pour dicter à son peuple, les tables de la loi !... effet imposant de cette nature majestueuse et sauvage.

Le soleil décline à l'horizon, et, dans sa course triomphale, il a incendié l'espace. Tout le monde est sur le pont pour assister à ce spectacle grandiose : « *un coucher de soleil dans la mer Rouge.* »

Çà et là des groupes d'îles semblent flotter sur un océan de laves bleues. Dans les lointains vagues, galopent les pics hardis, les déserts brûlants ; la mer a pris un ton indigo ;

DANS LE CANAL DE SUEZ.

elle projette des lueurs vibrantes de fournaise qui brûlent les yeux. Des essaims de poissons-volants font autour du navire comme une chaînée de perles. Bientôt l'embrasement devient général. On dirait d'une gigantesque féerie avec une mer de feu pour théâtre.

Vers dix heures nous nous trouvons en vue du feu de Zoforana. Les côtes sont, en général, sablonneuses et peu élevées.

Le 8 juillet, à l'aube, nous longeons le feu de Raz-Garib-Lac. Dans la journée la chaleur commence à devenir fatigante ; on respire un air chaud. Sur le soir cependant la brise se lève et nous avons le vent debout qui nous procure une fraîcheur agréable. A l'avant du bateau des quantités de poissons-volants sortent des flots et prennent leur volée. C'est plutôt un saut qu'un vol, quoique plusieurs gros poissons, (environ 30 cent. de long) puissent parcourir à peu près une soixantaine de mètres. J'en ai vu plusieurs voler l'espace de plus de cent mètres. Rien n'est plus curieux que ces vertébrés aux ailes azurées, transparentes, plongeant, volant pour replonger et prendre leur vol à nouveau. Cette espèce de poissons ne peut se soutenir hors de l'eau qu'autant que ses ailes sont humides ; aussitôt que l'air les a séchées, ils retombent dans les flots.

Les 9 et 10, le paquebot poursuit sa marche majestueuse dans les eaux bleues. A un certain moment nous apercevons une quantité innombrable de goëlands. Ces oiseaux suivent presque continuellement les marsouins, aussi pouvons-nous contempler plus de cinquante de ces gigantesques poissons se livrant à une gymnastique endiablée et faisant des bonds prodigieux.

Le 11, alors que nous longeons les îles Gibdel et Zoguer, un requin de petite taille, aux yeux glauques est aperçu dans le sillage du navire. Ces îles se composent d'une série de rochers volcaniques dont le plus important porte, à son extrémité nord, quelque maigre végétation.

La mer est peu profonde et, vers midi, la sonde ne marque guère plus de trente à quarante mètres. Le fond est rempli d'algues dont les longs filaments s'étendent en larges trainées.

Vers quatre heures du soir nous avons Périm en vue et l'on distingue quelques maisons à plates-formes, construites sur un rocher aride ; à gauche nous longeons les côtes de l'Arabie ; on traverse le détroit de Bad-el-Mandeb et nous entrons, vers les cinq heures, dans le golfe d'Aden ; à huit heures nous faisons escale à Steamer-Point qui est le port d'Aden où nous faisons charbon.

.˙.

Une partie de la ville d'Aden est construite sur un immense rocher, dominé lui-même par des rocs gigantesques, d'un rouge sombre, avec lesquels contraste agréablement la blancheur des murailles. Il n'y a pas la moindre apparence de verdure.

Les habitants sont de taille élevée mais d'apparence chétive. Ils ont les membres grèles, la face émaciée et les épaules ramenées en avant. Leurs traits sont durs mais réguliers ; leurs yeux sont beaux ; ils sont d'une couleur qui se rapproche du café brûlé ; quelques-uns se rasent la tête, d'autres gardent les cheveux longs et les teignent en rouge. Une pièce d'étoffe roulée autour des hanches et une écharpe qu'ils drapent sur leurs épaules, composent leur costume. Ils ont comme arme une espèce de pique et portent, suspendu au bras droit, un petit bouclier de bois.

Les juifs d'Aden portent une robe de laine blanche, ornée au bas de raies de couleur, un bonnet d'osier et un voile blanc jeté sur leurs cheveux frisés.

Un fort défend la rade. Sur la plage, une place de forme elliptique est bordée de maisons construites à l'indienne, précédées de vérandahs sous lesquelles s'ouvrent des magasins appartenant à des Parsis.

La ville proprement dite est placée au centre d'une plaine creusée artificiellement et entourée de masses abruptes de rochers volcaniques.

De grandes citernes, d'une conception hardie, réservoirs de granit, creusés en amphithéâtre à l'entrée des monts occidentaux qui dominent la ville, enduits d'une sorte de ciment romain et communiquant entre eux, ont été construits au IXe siècle, au temps de la puissance arabe, et permettent, lorsque les pluies sont assez abondantes pour les remplir, de faire une provision suffisante pour trois années de disette.

Le tombeau de Caïn se trouve dans le voisinage.

Vue de loin, la ville est assez pittoresque. C'est un dédale de rues tortueuses, flanquées de magasins à l'étalage varié. Toutes les maisons ont des terrasses qui brillent au soleil. Au dessus d'elles se dressent les minarets sculptés des mosquées, les toits pointus des pagodes et leurs dômes.

Aden offre aux yeux quelque chose d'inouï : c'est un amoncellement de roches volcaniques aux formes abruptes, imprévues, bizarres ; c'est un entassement de sables, une fournaise de laves, une superposition de rocs énormes lancés par quelque soubresaut monstrueux de la nature.

Les canons anglais sont perchés aux échancrures des rochers et font de cet endroit le Gibraltar de la mer des Indes.

Dès l'arrivée du bateau signalé par deux coups de canon, les arabes viennent charger le charbon. C'est la véritable population arabe, avec toute son indolence orientale.

Une avarie à la machine nous oblige à séjourner douze heures devant Aden. Durant toute la journée, une foule de petits arabes de sept, huit et dix ans entourent le paquebot. Ces naturels, montés dans des petites pirogues faites d'un arbre fouillé, accourent à force coups de pagaies et, en poussant de grands cris, chercher les biscuits et les quelques sous que les passagers leur jettent.

On dirait que tous ces bambins sont nés dans l'eau ; ils nagent comme de véritables poissons, et plongent ni plus ni moins bien que des marsouins. Il faut les voir dans leurs pirogues, criant à tue-tête : « à la mer ! ... à la mer !... » Cela veut dire : *jetez un sou à la mer*. La pièce est à peine disparue sous l'onde azurée que le négrillon se précipite tête baissée et reparait quelques instants après à la surface, tenant dans sa main le misérable sou. J'ai jeté à un de ces moutards vingt sous successivement ; vingt fois il plongea, et vingt fois il rapporta le sou. Sa cupidité aurait épuisé les mines du Pérou ; je fus obligé d'abandonner la partie, au grand mécontentement du petit noir qui criait obstinément : à la mer ! ... à la mer ! ...

Vous ne pouvez vous imaginer avec quelle facilité, quelle agilité, ces arabes manœuvrent leurs pirogues.

Plusieurs barques appelées *tamarans* vinrent nous offrir des bananes, des dattes et des citrons.

On ne connait pas le pain à Aden, et on ne mange le poisson, qui est à donation, que les jours de grande fête. Il faut voir avec quelle avidité les naturels se lancent sur le biscuit de troupe qu'on leur jette.

Quand le soleil s'est incliné, les pêcheurs de la côte prennent le large. Lourds et et légers, les canots ronds, les tartanes cambrées, les bateaux à fond plat se balancent sur les flots, les mâts se lèvent, les vergues ouvrent leurs bras, les voiles s'enflent et toute cette flottille s'éparpille sur l'Océan.

Le soir, nous levons l'ancre et, pendant toute la journée du 13, nous tenons la haute mer ; le 14, nous doublons le cap Gardafui, pointe extrême de l'Afrique, qui sépare l'Abyssinie de la côte d'Ajan.

La mousson, qui d'avril à août, souffle du S.—E. au N.—E., n'était pas encore apaisée, en sorte que la mer était excessivement houleuse, aussi le roulis et le tangage se font-ils sentir de la belle façon.

A un certain endroit de la côte nous apercevons des ruines de bateaux, entre autres celles de *l'Aveyron*, grand transport de la marine militaire, qui eut une triste fin :

« Venant de Saïgon, et ayant à bord 600 hommes de toutes armes et équipage, l'Aveyron, dans la nuit du 20 au 21 août 1884, arrivait près du cap Gardafui, lequel forme l'extrémité orientale du continent africain et commande l'entrée du détroit d'Aden.

Le cap Gardafui, avec sa pointe et ses nombreux récifs, est l'un des parages les plus périlleux de la côte africaine. La nuit était sombre, il soufflait une forte brise du S.-O. Tout à coup on signale la terre à quelques cents mètres. On essaya de faire machine arrière, il était trop tard. Quelques instants après, l'Aveyron talounait sur une grande épave qui brisait sa membrure. On se prépare au sauvetage.

Au jour, un va-et-vient s'établit avec la côte où apparaissent déjà de nombreux somolis, véritables écumeurs d'épaves et l'on installait un premier poste qui les tint à distance.

Un navire de Hambourg, qui passait, prit la moitié des passagers et, le 22, un steamer anglais prenait le restant. L'Aveyron fut brûlé par l'équipage afin de le soustraire au pillage des somolis. »

Les somolis, ces écumeurs de la pointe Est africaine, sont des musulmans à demi nomades. Quand ils campent, ils établissent une hutte faite de cerceaux, couverte avec des peaux. S'ils doivent rester longtemps dans le même endroit, ils construisent une sorte de cube en pisé.

Ils sont presque toujours armés ; ils portent d'ordinaire une lance, un sabre un bouclier. D'autres ont pour armes l'arc et le sabre.

Le costume de ces sauvages est une robe de cotonnade de couleur voyante. Les femmes, horriblement laides, ont les emplois les plus pénibles. Ce sont elles qui labourent le sol quand la tribu campe, qui soignent les troupeaux, portent les fardeaux.

Le 15, la mer redevient meilleure, nous nous dirigeons rapidement sur Mahé ; le 17, à huit heures du soir, nous passons sous l'équateur, puis nous traversons sans incidents « le pot au noir », la zône des calmes de l'équateur que les marins nomment ainsi parce que le temps y est presque toujours orageux, sombre, pluvieux, puis nous apercevons les étoiles de l'hémisphère austral, *la croix du Sud* dont la réputation me parait un peu surfaite.

Dans le ciel de ces parages, où les constellations sont moins nombreuses et moins brillantes que dans notre hémisphère, la croix du Sud se détache nettement. On a le loisir de chercher encore, dans un ciel pur, par une nuit claire et calme, *le Centaure, la Balance, le Poisson austral.*

Le 18, nous arrivons aux îles Seychelles. C'est d'abord l'île aux Vaches, recouverte d'une végétation courte ; l'île Denys, un peu plus favorisée par la nature ; au sud on remarque quelques huttes de paille

Là-bas, à l'horizon, on voit l'île Nord ; à tribord, l'île Silhouette, les îles Preslin, la Digue, Sainte-Anne et Curieuse ; à babord, les îles Manilles, Canscris, et enfin, droit devant nous, la grande île Mahé dont la capitale est Port-Victoria. Cet archipel comprend quarante deux iles.

La ville de Victoria, toute petite, bâtie sur la rive, disparait dans un nid de verdure. Les maisons, construites en bois de natte rouge-brun, couvertes en bardeaux de jacquier jaune, reluisent à l'ombre des tamariniers.

Mahé présente une rade excellente au mouillage.

Des nègres viennent nous offrir des oranges et d'autres fruits à des prix très élevés.

Quelques-uns de ces indigènes ont des corbeilles, des éventails, fabriqués avec les fibres du coco ; cela est très joli assurément, mais hors de prix.

Sur le soir cependant, les transactions sont plus faciles, et plusieurs d'entre-nous peuvent se procurer des quantités d'oranges échangées pour de mauvais morceaux de pain et de biscuit.

Le pain est si rare dans ce pays que les nègres, lorsqu'ils en aperçoivent un malheureux morceau, se jettent dessus, avec une avidité sans égale. Un de ces noirs m'a donné soixante oranges et citrons pour un pain de munition qui était moisi. . . .

Le 19 et le 20, nous tenons la haute mer, sous une température plus fraîche.

Le 21, nous arrivons à l'île Bourbon, la Réunion, notre plus importante colonie dans la mer des Indes.

Dans la partie orientale de l'île, on aperçoit le Piton des Neiges, appelé encore le Piton de la Fournaise, volcan se divisant en deux cimes, creusées chacune par son cratère dont un seul vomit la lave de temps à autre. Les coulées de laves se dirigent vers la mer.

L'île est toute verdoyante, couverte de palmiers et de cocotiers. Le port de Saint-Denis, où nous mouillons, est mauvais, sans jetée et d'un accès difficile. La ville est complètement bâtie à l'européenne, elle est littéralement enfouie dans la verdure. L'hôpital, la caserne, le palais du gouverneur frappent le regard ; ce sont des constructions fort simples, mais de bon goût.

Saint-Denis possède quelques monuments, entre autres, la statue de Labourdonnais.

Un chemin de fer, qui passe au milieu de la ville, longe la plage avant de pénétrer sous un grand tunnel, le troisième du monde.

Ce tunnel a été creusé par des arabes et des nègres ; il fait de nombreux détours, car, au lieu de percer le roc en ligne droite, on a cherché à utiliser les couches de terre qu'on rencontrait de place en place. Par suite de ce vice de construction, les grands convois ne peuvent y passer et les trains ne se composent que de trois ou quatre wagons.

Le commerce est actif ; la population est mixte : européens, créoles, métis, nègres indigènes, d'un beau noir d'ébène, aux cheveux crépus.

Au dessus de Saint-Denis est la montagne du Brûlé que dominent d'autres élévations dont la cime se cache dans les nuages, les montagnes de Salazie, renommées pour leurs eaux thermales.

2

Le lendemain matin, nous quittons Saint-Denis et contournons l'île en suivant une côte plantée de cannes à sucre et de pins maritimes.

Le 22, nous arrivons à Saint-Paul et nous quittons le Sydney qui va continuer sa route pour l'Australie, puis nous prenons passage sur l'*Ebre*, transport des Messageries maritimes faisant le service entre la Réunion et Madagascar.

Saint-Paul est une petite bourgade dont les maisons blanches, aux toits d'ardoises, contrastent avec la noirceur du sol. On aperçoit sur la plage de nombreuses négresses vêtues de robes aux couleurs criardes, rouge-vif, bleu-clair, vert-d'eau, étoffes à rayures blanches et rouges.

A huit heures et demie du soir, nous quittons Saint-Paul ; nous avons la haute mer toute la journée du 23 et, le 24, vers les neuf heures du matin, nous arrivons à Madagascar, où nous mouillons en rade de Tamatave, après vingt quatre jours d'une heureuse traversée.

Juillet 1885.

TAMATAVE

Tamatave vu de la baie offre un coup d'œil véritablement enchanteur. Toute cette végétation tropicale, cocotiers, palmiers, caroubiers, manguiers, choux-palmistes, etc., s'élève majestueusement dans les airs, et, au milieu de cette épaisse verdure, apparaissent de riantes et coquettes habitations ; tout en ce lieu semble respirer un air de félicité qui, au premier abord, met en doute la mauvaise réputation sanitaire de Madagascar.

En effet, cette mer sans cesse agitée, apportant continuellement des lames de sable qui s'entassent journellement et finissent par former de véritables bancs avec les siècles, est des plus curieuses à voir.

La baie est un vaste port naturel, où les navires sont à l'abri.

On y jouit cependant d'une sécurité bien relative, les jours de grosse tempête, témoins, les débris de l'*Argot* et de l'*Oise*, qui furent violemment jetés à la côte par un épouvantable cyclone en 1883. La vue de ces dépouilles que la vague mugissante vient lécher furieusement fait peine à voir.

Quittez la baie, entrez à Tamatave, l'aspect change complètement. La verdure n'est plus aussi intense, les arbres ont l'air d'avoir la fièvre jaune et les habitations sont passablement rudimentaires, construites pour la plupart sur pilotis. Les propriétés sont entourées de palissades confectionnées avec de vieilles douves de tonneaux.

Dans les rues, pas une pierre, pas un gravier, rien que du sable fin dans lequel on a peine à marcher et, où on n'avance qu'avec difficulté.

Les habitations des blancs, construites en planches et relativement spacieuses, rappellent les maisons de la Réunion. Elles possèdent presque toutes des sortes de vérandas mal lambrissées, garnies de nattes de *vaquas* ou de palétuviers pour protéger du soleil.

Seules, les habitations des différents consulats, surmontées d'un mât où les pavillons nationaux sont arborés, les jours de grande circonstance, ont un cachet assez élégant.

Il y a une chapelle et une église catholiques ; cette dernière est des plus simples ; au dessus du portail est placée une Vierge en pierre blanche, tenant sur ses genoux l'enfant Jésus. Il y a aussi un temple protestant et une sorte de case que les malabars intitulent pompeusement le *temple de Siva*, le dernier des dieux de la trinité indienne, celui qui détruit pour créer.

La population peut s'élever actuellement à quatre ou cinq mille habitants et comprend peu de Français, passablement d'Anglais, quelques colons de la Réunion et de Maurice ; on ne voit pour ainsi dire, en ce moment, que des naturels de la côte du Malabar, au teint cuivré.

Je cite quelques-uns de leurs prix de vente :

1 œuf.	0.25
1 kil. d'oignons verts.	3.00
1 kil. de pommes de terre	1.25
1 boîte de cirage, de dix centimes. .	0.40
1 pipe en terre id. . .	0.75
1 boîte de sardines, de 40 cent. . .	0.80

Voilà quelques prix de ces honnêtes négociants. Il est bon de dire, pour leur défense, que la ville est en état de siège, et que, dans les beaux jours, ils sont relativement plus doux.

La partie sud de la ville offre un contraste frappant ; elle est habitée uniquement par des malgaches qui logent dans des *canias*, cahutes se composant de quatre piquets fichés en terre, contre lesquels sont disposées de mauvaises planches ; le toit est fait de feuilles de palétuviers.

Tamatave se trouve sur la côte des Betsimsaraks. La ville est construite sur la

TAMATAVE. — INTÉRIEUR DU FORT HOVA.

Dessin de Raymond Deshays, d'après un croquis de G...

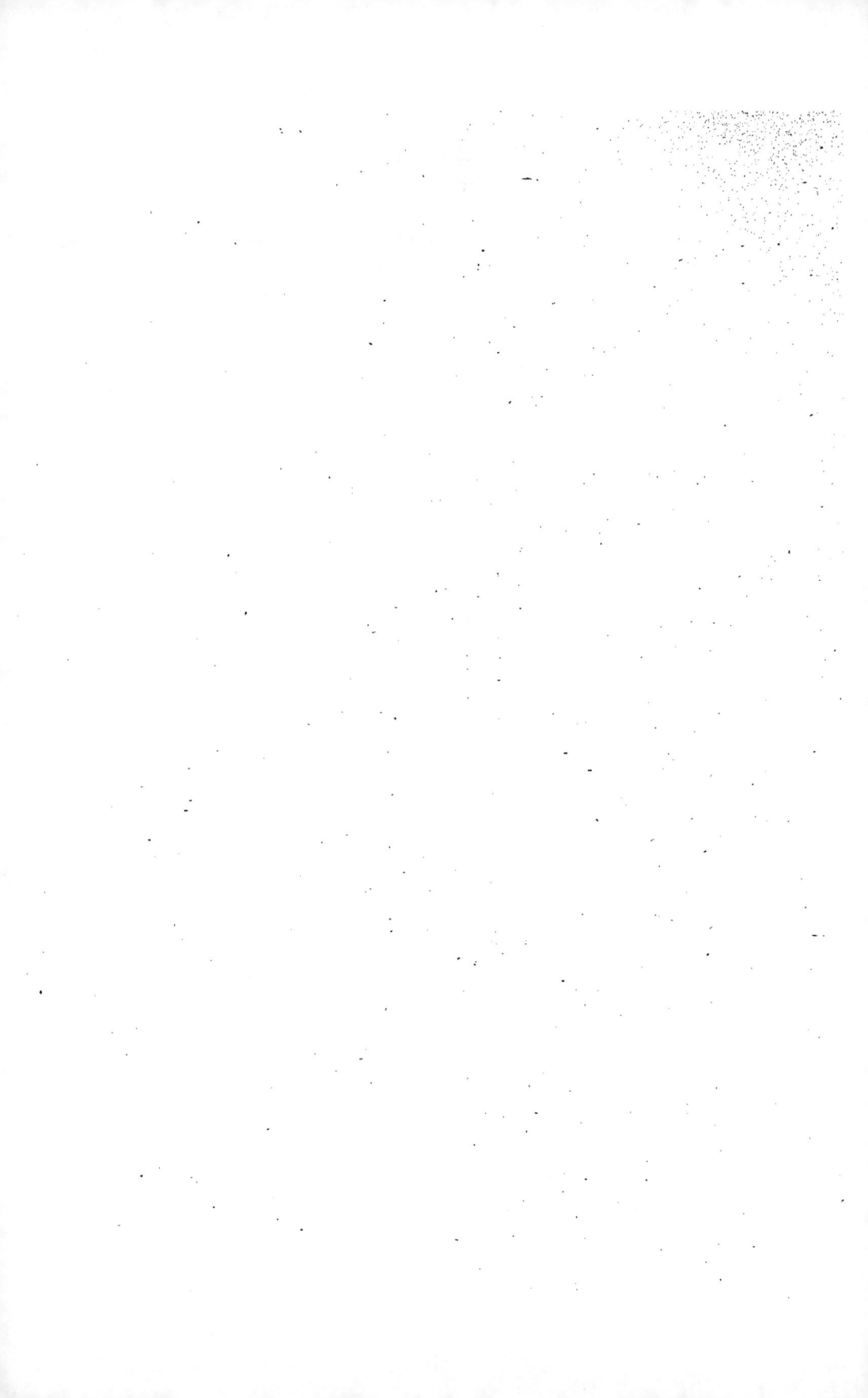

partie nord d'une pointe sablonneuse et n'a guère que deux rues parallèles et reliées entre-elles par plusieurs sentiers. Sa longueur, de l'Est à l'Ouest, est de deux kilomètres.

.˙.

Le fort, circulaire, (300 mètres environ de circuit), est distant de la ville de deux cents mètres. Il est à double enceinte, fut construit en 1836, par des ingénieurs arabes, mais ne fait pas honneur à l'instruction militaire de ces messieurs.

Il est en pierres mal cimentées et commande toute la plaine limitée par de nombreux chaînons qui précèdent la grande chaîne de montagnes coupant l'île du nord au sud.

Il est muni de sept petites pièces de canon, de deux canons révolvers et d'une pièce de quatorze, placée sur un monticule à dix mètres en avant.

Au moyen d'une longue vue de fort calibre, placée sur le parapet du fort, on aperçoit parfaitement la position ennemie de Farafate.

C'est une série de petits fortins naturels, auxquels on a fait quelques constructions de pierres. A droite, dans un petit bois entouré d'une palissade, se trouve un camp retranché.

On voit chaque jour les hovas en robes blanches, parcourir la montagne, les uns portant de l'eau, les autres du bois, enfin procédant aux diverses occupations domestiques. Ces derniers temps, on les voyait creuser un grand trou dans lequel ils ont placé des pieux acérés, recouverts de branchages et de terre. Ce sont là des ruses familières aux indiens, mais dans lesquelles nous n'avons pas coutume de donner.

.˙.

Au nord du fort de Tamatave, à six cents mètres environ dans la plaine, se trouve un cimetière hova abandonné. Il renferme de nombreuses tombes comme celles des européens, mais il est un mode de sépulture, particulier aux riches, qui est très original.

Ces naturels fouillent un arbre, comme s'ils voulaient en faire une pirogue, placent le mort, revêtu de ses plus beaux atours, avec tous ses bijoux, dans cette espèce de boîte, puis le recouvrent d'un autre arbre, fouillé comme le premier. Le cercueil ainsi fait, est placé, sans être fermé autrement, sur quatre piquets s'élevant à cinquante centimètres du sol.

Je suis allé visiter ce cimetière abandonné depuis deux ans ; les personnes qui m'accompagnaient ont soulevé plusieurs couvercles et nous avons vu des monceaux d'ossements, d'épouvantables squelettes dont quelques-uns portaient encore à la ceinture, un lambeau d'étoffe criarde échappé aux ravages du temps.

Quelques-autres avaient de mauvais colliers en os qui eussent juré singuliérement à l'étalage d'un bazar d'articles de quatre et treize sous.

Voilà on en conviendra, un genre de sépulture du peuple madécasse, qui ne manque pas d'originalité.

.   .
.

Chaque pays, chaque peuple, chaque ville a ses habitudes qui varient suivant ses moyens d'action. Tamatave ne fait pas exception à la règle. Ici, la pièce de cinq francs prend le nom de piastre et se divise en cent parties, sous la rubrique centièmes.

Ainsi, vous avez à payer une facture de 16 fr. 25, on vous dira : trois piastres vingt-cinq centièmes. Par le fait, notre monnaie a la même valeur qu'en France ; elle change de dénomination, voilà tout.

On ne fait usage que de la pièce de cinq francs. Il est pour ainsi dire, aussi difficile de se procurer des billets de banque que d'attraper la lune.

Les pièces d'or, qui du reste, sont excessivement rares, sont recherchées par les malabars qui les percent de trous et en font des colliers pour leurs épouses. Il n'est pas rare de voir ces orientales porter pour mille à quinze cents francs de louis à leur cou.

En raison du dicton populaire qui entend que chacun doit prendre le plaisir où il le trouve, en ne saurait en vouloir à ces dames qui, pour avoir le teint cuivré, n'en sont pas moins femmes et suivant l'appréciation des naturalistes, ce qu'il y a de plus charmant dans la création.

Comme en Europe, les commissaires-priseurs procèdent par voie d'affichage : *vente à l'encan* remplace la désignation de vente aux enchères publiques.

Plusieurs jours avant la date fixée pour le criage, un jeune malgache portant une cloche de bronze sur laquelle il frappe à tour de bras, passe et repasse dans les rues. C'est l'usage employé pour annoncer qu'il y aura de bonnes acquisitions à faire.

Au jour fixé, l'affluence des acheteurs est grande et chaque objet est enlevé rapidement et payé au bas mot, le double, si ce n'est le triple du prix d'Europe.

.   .
.

Chaque mois, lorsque la malle des Indes est signalée, Tamatave présente un aspect très animé. Tous les négociants, français, créoles, anglais, malabars, etc., se précipitent comme une avalanche au débarcadère de la plage. Les produits débarqués sont en quelque sorte pris d'assaut, et pendant quelques jours, on peut se procurer des denrées à des prix abordables — pas pour tout le monde encore — puisque vous payez cinq francs un malheureux poulet, étique, rachitique et coriace par dessus le marché.

Ce jour-là est un jour de liesse pour toute la petite colonie, surtout pour nos pauvres soldats qui reçoivent des nouvelles de leur famille et de la mère-patrie.

Août 1885.

A TAMATAVE

Débarquement des bœufs. — La femme malgache. — Toutes les femmes
sont trompeuses.

On sait que Madagascar est richement dotée quant à l'espèce bovine. Dans les forêts de l'ouest, on rencontre de grands troupeaux de bœufs sauvages.

Avant les hostilités, le port de Tamatave expédiait une moyenne de dix mille bœufs par an. Chaque bœuf, rendu à bord, coûtait trois piastres, (quinze francs). Maintenant il n'en est plus de même ; non seulement Tamatave n'expédie plus de bœufs, mais on est obligé d'en faire venir de Vohémar.

Rien de plus curieux que d'assister au débarquement de ces animaux. C'est peut-être la seule distraction qu'on puisse avoir en ce moment.

Les bœufs, auxquels on passe une forte toile sous le ventre, sont descendus du bateau au moyen d'une grue. Lorsqu'ils touchent les flots, on leur enlève leur entrave et on les laisse gagner la côte à la nage.

Pl. II bis.

TAMATAVE. — DANS L'AVENUE Nº 1

Dessin de Raymond Deshays, d'après une photographie.

Souvent les vagues leur déferlent sur la tête, en sorte que l'animal disparaît entièrement sous l'écume pour reparaître, l'instant d'après, poussé à la côte par les lames.

Des chaloupes à vapeur accompagnent le troupeau pour le protéger de la dent des requins, car la baie est remplie de ces monstres.

Les bœufs sont ensuite rassemblés sur la plage : chaque jour on abat le nombre de têtes nécessaires à la consommation ; les autres sont confiés à la garde d'un vieux malgache qui les mène pâturer dans la plaine.

Ces bœufs, dont l'espèce ressemble au zébu de l'Asie méridionale, sont de forte taille. Ils ont une bosse ou loupe graisseuse entre les deux épaules, de grandes cornes dont les moyennes ne mesurent pas moins de cinquante à soixante centimètres.

Un jour de débarquement, j'ai vu un bœuf saisi par un énorme requin, disparaître quatre fois sous les eaux et reparaître dans des flots de sang. Après une lutte désespérée. l'animal put gagner la plage et venir s'abattre, comme une masse sur le sable, le ventre complètement ouvert et perdant ses entrailles.

* *

Si vous allez visiter le village malgache qui est le quartier sud de la ville, un spectacle étrange, bizarre, se présente à vos yeux.

Devant chaque cania, vous voyez la mère de famille, secondée par ses filles, piler le riz dans de grands mortiers en bois. Si vous éprouvez le désir de lier conversation avec une demoiselle malgache, ce qui entre parenthèse, n'a rien d'attrayant, les parents quittent leur demeure et vous laissent seuls.

Les femmes qui sont presque toutes de forte taille, se peignent avec un soin méticuleux, au moyen de bois taillés en forme de poinçon ; elles consacrent une grande partie de la journée à leur coiffure qui est très originale.

Comme je l'ai déjà dit, elles ont pour tout vêtement, un grand morceau d'étoffe criarde, *lamba*, qu'elles s'enroulent autour du corps. Les enfants sont attachés sur le dos de leur mère, à l'aide de bandes de toile qui ne leur laissent libre que la tête.

On doit dire à la louange de ce petit peuple, qu'il vit dans la plus grande propreté quoique ses mœurs ne soient pas irréprochables. Leurs vêtements, s'ils ne sont pas de bonne coupe et de la première. fraîcheur, sont toujours lavés avec soin. Il n'en est pas de même des femmes sakalaves et mahafales qui croupissent dans la saleté, et dont la fréquentation laisse souvent de fâcheux souvenirs.

Au contraire des malabars et des indiens, les malgaches portent peu ou point de

3

bijoux. A part quelques anneaux d'or ou d'argent que les jeunes filles se mettent aux oreilles, on ne connait pas d'autre luxe.

Il est vrai que le contact des européens inspire au sexe faible de ces contrées, des goûts de coquetterie tels, que d'ici peu, les grands magasins du *Bon Marché* pourront établir une succursale pour satisfaire tous les caprices.

**
* **

« *Ray nay andanitra, ankamasino ny anyra nao ; ampiavo ny sitro-po nao, aty'an-*
« *tany tahoky ny' any an-Lanitra. Omeo anoy anio ny hani' oay isan' andro ; avelao ny*
« *fahota' nay, toy ny emela' noy ny ahotany ny olona aminay ; aza avela nao. La azo ny*
« *fitaoman-dratzy izahay ; fa manofaha anay amingratzy. Amena.* »

Du diable, mon cher lecteur, si vous parvenez à comprendre un seul mot de cet alinéa, qui pourtant est écrit en très bonne langue. Etes-vous libre penseur ? Dans ce cas, je suis persuadé que si un de vos amis vous le traduisait, vous m'en garderiez rancune, aussi je préfère vous le dire de suite. Dussiez-vous en être vexé, je vous adresse le . . . pater, en langue malgache.

Depuis longtemps déja, je désirais connaître quelque phrase de la langue employée par cette tribu. Dernièrement, je me suis adressé à une jeune malgache, et je l'ai priée de vouloir bien m'apprendre une phrase galante, ce à quoi elle consentit volontiers. Je n'ai mis que trois jours à retenir ces malheureuses lignes, et ce n'est qu'aujourd'hui que j'apprends leur véritable signification. Tant pis ! je n'apprendrai pas une autre phrase, dût-elle être plus en rapport avec vos convictions.

Cette petite aventure, dont je suis la dupe, me prouve qu'ici, pas plus qu'ailleurs, on ne peut accorder confiance pleine et entière aux femmes. Que ce soit sous le ciel d'Europe ou sous celui d'Afrique, qu'elles soient civilisées ou sauvages, libres ou esclaves, elles ont toutes le même défaut.

Août 1885.

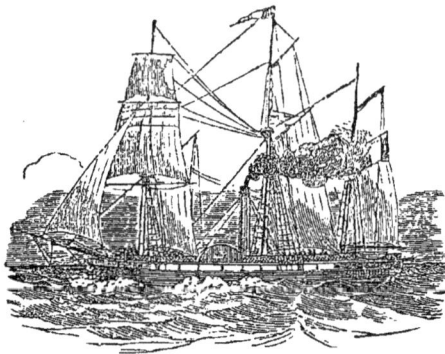

UN PEU D'HISTOIRE

Quelques pas en arrière. — Le bombardement des côtes. — Situation intolérable.

Que faisons-nous à Madagascar ?

Que voulons-nous y faire ?

Quand y ferons-nous quelque chose ?

Telles sont les questions qu'on se pose journellement et auxquelles on ne trouve rien à répondre.

Et puis, après tout ! qu'est-ce que cette question de Madagascar ?

A cet effet, revenons quelques pas en arrière.

On se rappelle que le gouvernement impérial avait signé en 1868, un traité avec la reine Ranavalo. Les Hovas, poussés par les Anglais, comptaient bien ne pas tenir leurs engagements. A peine nos envoyés avaient-ils quitté Tananarive, qu'ils violaient les conventions, en faisant violence à nos nationaux et, en insultant le pavillon français.

Les missionnaires anglais prêchaient la haine contre la France, et le gouvernement britannique faisait relever par ses émissaires, la côte Nord-Ouest.

Le gouvernement, on ne sait trop pourquoi, restait dans une inertie coupable.

La guerre de 1870 arriva.

Les Hovas apprenant nos malheurs, redoublèrent d'audace et le 29 mars 1881, on vit paraître une loi, laquelle disait nettement que « la terre de Madagascar ne saurait être vendue à personne, ni mise en gage entre les mains d'aucun individu non sujet de la reine ». Les habitants du pays, convaincus d'avoir violé cet article, devaient être mis aux fers à perpétuité ; l'argent provenant d'un achat de terre malgache, de même que les fonds prêtés sur un gage semblable, étaient déclarés argent et fonds perdus ; quand au sol, il revenait de droit à la reine, son unique maîtresse.

Le gouvernement français, instruit de l'apparition de cette loi, continua à garder le silence.

Dans une autre proclamation, la reine déclara que « la mer devait être la limite de son royaume ».

Devant cette violence, le pavillon français fut enfin amené et, le 16 juin 1882, le commandant Le Timbre, chef de la station française de l'Océan-Indien, vint à Nossi-Bé et fit abattre les mâts qui portaient le drapeau hova, puis il revint à Tamatave et attendit des ordres.

La cour de Tananarive envoya une ambassade à Paris. On ne put négocier aucun arrangement ; les ambassadeurs quittèrent Paris et s'en furent à Londres où, contrairement à leur attente, ils ne trouvèrent aucun appui.

Au mois de mai 1882, le contre-amiral Pierre prenait le commandement de l'escadre forte de cinq bâtiments : la *Flore*, le *Vaudreuil*, la *Pique*, le *Beautemps-Beaupré* et le *Boursaint*.

Le 8 mai, la flotte quittait la baie de Passandava et se portait vis-à-vis les postes hovas d'Amboudimadirou et de Ampassimbitiki.

Elle ouvrait aussitôt le feu et incendiait ces deux postes par ses obus.

Le lendemain, nos frégates attaquaient Ambaliha et Mourounsang. Ce dernier point a été bombardé par la Flore, d'une distance de cinq mille mètres. L'effet n'en a pas été moins terrible.

Après chaque bombardement, nos marins ont débarqué, chassant à la baïonnette les derniers défenseurs hovas, enclouant les canons, rasant ou brûlant tout ce qui appartenait au gouvernement de la reine, mais respectant les propriétés particulières malgaches, indiennes ou arabes.

TAMATAVE

Le poste d'Aïtkin. — Le poste des Dunes. — Une case malgache. — Un coin du village malgache.
Types de Bourgeanes.

A Mourounsang et Bameneviky seulement, les hovas ont tenté un commencement de résistance, mais pour prendre bien vite la fuite. Dans la lutte qui n'a duré, sur les deux points, que quelques minutes, un chef hova a été tué.

Les fortifications de la côte nord-ouest de la grande île ayant été enlevées, l'escadre française s'est portée devant Majunga, le second des ports de Madagascar pour le commerce et le premier par sa situation avantageuse qui permet d'en faire le point d'appui de notre occupation.

Le bombardement des forts de Majunga a eu lieu le 16 mai. Chaque vaisseau tirant à son tour et les coups se succédant avec une rapidité mathématique, l'effet des foudroyants engins ne tardait pas à se manifester. Des nuages de poussière et de fumée s'élevaient des deux forts et bientôt les murs du fort de l'Est glissaient dans le talus. Le fort n'était plus qu'une ruine. Le commandant hova, suivi de ses soldats, prenait la fuite.

Le second fort, ménagé par notre feu mais également abandonné par les hovas, a été réservé pour y installer le détachement français.

Le lendemain, nos marins débarquaient et prenaient possession de la place, du trésor de la ville, des archives hovas. On trouvait notamment dans ces derniers documents, copie d'une lettre qui a été adressée par le gouverneur de Majunga à la reine Safiambale, souveraine des Sakalaves placés sous la protection de la France.

Voici ce que le gouverneur disait à la reine :

« Les Hovas seuls peuvent vous protéger, vous avez tort de vous confier aux Français, qui ne veulent rien faire pour vous. Vous attendez les navires français, il n'en viendra pas, les Français n'oseront jamais faire la guerre aux Hovas. S'il en venait, je les attendrais et je ne les crains pas ».

A Tamatave, l'inquiétude était grande dans la population européenne. On craignait des excès, des représailles terribles de la part des Hovas. On ne fut un peu rassuré que par l'arrivée du *Forfait* ayant à bord M. Baudais, consul de France et commissaire de la République qui fut accueilli avec enthousiasme par la colonie française.

Les craintes des Européens lui ayant été transmises, le consul de France se rendit, sans plus tarder, au fort de Tamatave et déclara au commandant hova qu'il le rendait responsable, lui, les ministres et la reine, sur leur tête, de tout acte qui mettrait en péril la vie des Européens.

Le contre-amiral Pierre, avec le surplus de la division navale, prenait position le 31 mai devant Tamatave. Le jour même, on apprenait qu'à la suite d'un conseil, (kabar) tenu sous la présidence du premier ministre de Ranavalo et sur les excitations des missionnaires anglais, l'expulsion des Français de Tananarive avait été décidée.

Le 2 juin, l'ultimatum de la France était porté au gouvernement hova. Il demandait :

La reconnaissance des droits conférés par les traités;

La garantie pour les Français des droits de propriété à Madagascar ;

Le paiement immédiat d'une indemnité.

Le 10 juin, on commença le bombardement, les Hovas s'empressèrent d'abandonner le fort et de se retirer dans leurs montagnes ; le 11, on occupa la place. Notre pavillon fut planté a Tamatave et la ville dotée d'une municipalité.

Les Hovas essayèrent trois fois de reprendre la ville, les 17, 26 juin et 5 juillet.

Malgré le peu d'hommes que nous possédions, ils furent repoussés avec beaucoup de pertes. Ces attaques avaient eu lieu en pleine nuit, les Hovas pensaient nous surprendre à la faveur des ténèbres. Grande fut leur surprise, quand l'escadre dirigea sur eux ses rayons électriques, et lorsque les torpilles qui avaient été placées dans la plaine firent explosion. Ces diables de Français, disaient-ils, ont apporté leur soleil de France et la terre se révolte contre nous.

Dans le courant du mois de juin, l'escadre bombarda Teneriffe, Mohambo, Yvondrou, Foulpointe.

On envoya des renforts de France : quatre compagnies d'infanterie de marine, une compagnie de marins-fusiliers ; on forma deux compagnies de volontaires avec les créoles de la Réunion et une compagnie d'auxilliaires malgaches recrutés pour la plupart parmi les indigènes de l'île Sainte-Marie.

Le contre-amiral Pierre tomba malade, et revint en France où il mourut. La direction des affaires fut confiée au contre-amiral Galiber, qui, du mois d'octobre au mois de novembre, bombarda Manabou, Vohémar, Manourou, Mochena, Bernanarenou et Fort-Dauphin.

Les Hovas qui attaquèrent, mais sans succès, Majunga, le 12 novembre, voulurent négocier. On conféra à Tamatave, mais comme toujours, on aboutit à rien.

Le manque de troupes obligea à se tenir sur la défensive. Le 25 décembre 1883, Majunga fut de nouveau attaqué, les Hovas furent repoussés. Des parlementaires vinrent encore, il n'y eut aucune solution.

                                    *   *

Voila la situation : tous les postes que les Hovas possédaient sur la côte ont été bombardés ; nous occupons Tamatave et Majunga. Nous avons pensé que nos ennemis traiteraient, ils ne traiteront pas ; ils se sont retirés, laissant deux corps de troupes campés à quelques kilomètres de ces deux villes. Nous somme assiégés dans ces deux endroits et nous sommes obligés d'être continuellement sur le qui-vive.

Cet état de choses durera-t-il longtemps ?

Il y a en ce moment à Tamatave, six compagnies d'infanterie de marine, deux de volontaires de la Réunion, deux batteries d'artillerie de marine et un bataillon de fusiliers marins. Ces troupes sont fatiguées de l'inertie dans laquelle on les laisse ; elles demandent à marcher. Les volontaires qui s'étaient engagés pour un an, sont là depuis deux années, on ne songe pas à les renvoyer ; ils sont complètement découragés.

Cette situation est intolérable ; il faut que le gouvernement prenne une mesure énergique ; avec dix ou quinze mille hommes, on peut réduire à néant la puissance du peuple hova.

Août 1885.

PENDANT L'ÉTAT DE SIÈGE

Une noce à Tamatave. — Ce que coûte, en cette ville, une journée d'agrément
Le tramways.

J'ai assisté à Tamatave, au mariage d'un noir de Maurice avec une femme malgache et je vous assure que j'ai passé un moment de douce hilarité.

Figurez-vous le marié, un grand diable d'environ deux mètres, noir comme une boîte de Marcerou supérieur, les cheveux crépus, les lèvres épaisses et rugueuses, laissant voir deux rangées de dents d'une extraordinaire blancheur, vêtu d'un pantalon noir, à larges pattes d'éléphant et d'un habit à longs pans; un gilet blanc avec une énorme breloque au gousset; une chemise à jabot fortement empesée, à haut col, lui prenant le cou comme dans un carcan.

La mariée, au teint café-brûlé, est dans une ébouriffante toilette blanche qui lui sied comme un binocle à un aveugle. Elle est couronnée de fleurs d'orangers, et a chaussé pou la première fois de sa vie, des bottines vernies, à hauts talons.

Le couple s'avance avec peine dans le sable des rues, et, grotesque, menace à chaque instant de tomber. Est-ce l'émotion de la dernière heure qui fait chanceler les époux ou est-ce le manque d'habitude de marcher les pieds chaussés ? Je crois qu'il faut s'arrêter de préférence à cette dernière hypothèse.

Derrière, viennent les parents, les amis, les invités, dans des costumes aux couleurs vives. Une foule de gamins suit le cortège qui arrive à l'église où la cérémonie nuptiale s'accomplit. Le prêtre, malgré sa grande barbe, a peine à retenir un éclat de rire.

La bénédiction donnée, la noce se rend à l'habitation des jeunes époux, où un monstrueux repas a été préparé. Les convives boivent et mangent en véritables disciples de Gargantua et, quand la nuit arrive, l'orgie est complète, tout le monde ronfle à terre, pêle-mêle.

L'aurore apportant ses rayons sur cette scène, laisse entrevoir la mariée, troublée par les libations de la veille, dans les bras d'un invité.

Honni soit qui mal y pense !

* * *

Voulez-vous savoir ce que coûte, en ce moment, une journée d'agrément à Tamatave ?

Le matin, vous vous levez à sept heures, après avoir passé une nuit des moins agréables, au milieu des *margouillias* et des *cancrelats* qui se promènent dans votre chambre en vrais propriétaires, et des moustiques qui, non contents de vous offrir une sérènade des moins attrayantes, vous labourent à qui mieux-mieux le visage.

Donc, vous vous levez à sept heures ; une négresse vous apporte une chemise plus ou moins bien repassée, coût 0 fr. 60, plus un verre de *tako* pour la course ; vous allez vous faire raser, donner un coup de peigne chez l'unique perruquier de la ville, aimable figaro qui ne demande que deux francs pour ce léger travail, puis vous vous rendez au café de l'Europe pour savourer un *pernod*, vous faites venir la *Cloche*, journal sans nuance, assurément très intéressant (il a trois pages d'annonces), qui paraît tous les dimanches, quand il n'oublie pas de paraître, et vous demandez un cigare de Bourbon.

Le garçon vous présente l'addition :

1 pernod. 0.80
1 Cloche. 0.50
1 bourbonnais . . 0.15

4

L'heure du déjeuner approchant, à l'*Hôtel de l'Europe* qui est voisin, vous consultez la carte :

```
┌─────────────────────────────────────┐
│                                      │
│          POTAGE VERMICELLE           │
│                  ──                  │
│         SAUCISSON DE LYON            │
│                  ──                  │
│         BEURRE DE BRETAGNE           │
│                  ──                  │
│           FILET DE BŒUF              │
│                  ──                  │
│        PETITS POIS SAUCE CAPRES      │
│                  ──                  │
│         POULET SAUCE BLANCHE         │
│                  ──                  │
│          VINS, DESSERT, CAFÉ         │
│                                      │
└─────────────────────────────────────┘
```

Coût vingt francs.

L'après-midi, il fait si chaud qu'on ne peut sortir sans crainte d'une insolation. Vous vous rendez au cabinet de lecture de l'hôtel, vous lisez les *Aventures de Robinson Crusoë* ou de *Paul et Virginie* pour cinquante centimes ; vous fumez une demi-douzaine de *bourbonnais* et vous consommez pour le moins deux ou trois bouteilles de bière à 1 fr. 50 ou de limonade à 1 fr.

A quatre heures, vous prenez pour guide un malgache à qui vous donnez 1 fr. 50 et qui vous fait visiter les curiosités de la ville.

A cinq heures, éreinté d'une marche dans le sable, vous revenez à table d'hôte, où une dépense de quinze francs est encore nécessaire.

Mettez à dix ou quinze francs les faux frais de la journée, ce qui n'est pas exagéré et vous avez la solution suivante : vous vous êtes ennuyé toute une journée, vous êtes fatigué ; la nuit, les moustiques vous empêchent de dormir et vous avez dépensé la somme modique de soixante-dix francs.

Heureux mortel, dans la plus heureuse des colonies ! . . .

. .

Un tramway à Tamatave ? Eh oui ! Tamatave possède une voie, système Decauville, qui part de la plage, devant les entrepôts de la douane et se termine dans la cour du fort. Tous les jours circulent de petits wagonnets, poussés par des bourgeanes, qui servent à conduire les matériaux et les vivres.

Lorsque ces wagonnets descendent à vide pour se rendre à la plage, c'est plaisir de voir les femmes et les enfants malgaches se précipiter pour prendre place, sur ce système de locomotion, les jambes croisées à la façon des tailleurs et poussant de grands cris.

L'administration des tramways ne distribue pas de tickets, mais souvent les voyageurs par trop sans gêne reçoivent des calottes.

Le trajet le plus court n'est pas toujours le meilleur ! . . .

Septembre 1885.

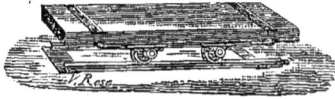

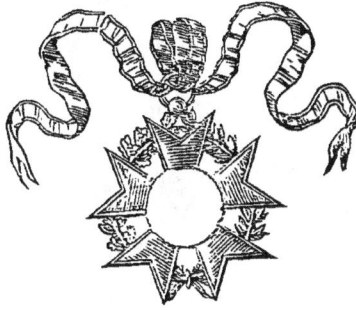

LES OPÉRATIONS

Les auxiliaires malgaches. — L'affaire du gué de Sahamafaty

Le développement inattendu des affaires de Chine a forcément restreint les opérations contre Madagascar. Les Hovas, enhardis par notre inaction, se montrent d'une arrogance et d'un despotisme intolérables ; il était nécessaire d'opérer une diversion. C'est ce que vient de faire l'amiral Miot.

Le 8 septembre, on sonnait le rappel dans les rues de Tamatave, pour réunir les deux compagnies de malgaches, recrutées parmi les naturels de Sainte-Marie et les émigrants de la côte des Betsimsaraks et d'ailleurs.

Une heure après, environ cinq cents malgaches, habillés de toute façon, étaient réunis devant le fort. Ils étaient tous porteurs d'énormes bâtons et de bambous devant servir au transport des munitions et des vivres, car, dans ce pays accidenté, rempli de marécages, c'est pour ainsi dire, le seul moyen pratique de transport.

FAMILLE MALGACHE DEVANT SA CASE.

Dessin de E. Morel, d'après des croquis faits aux Vill
l'Exposition de Rouen et des documents communiqués

Un sac en toile, pendu au côté gauche de chacun d'eux, renfermait une provision de vivres pour plusieurs jours, au cas où on serait parvenu à s'emparer d'un des forts de la première ligne.

Rien de plus curieux que ce rassemblement. Je vous assure que j'ai passé un moment de douce hilarité.

Dès que chaque malgache eut connaissance du rôle qu'il devait remplir dans la reconnaissance qui avait été fixée au 10 septembre, on fit rompre les rangs.

Un ordre du jour, paru quelque temps auparavant, fixait cette date pour une grande reconnaissance offensive du côté de Sahamafaty et de Farafate, où sont massées les forces de nos ennemis, (8 à 10,000 hommes environ).

* * *

Le 10, à quatre heures du matin, l'avant-garde, composée d'un bataillon de fusiliers-marins et d'infanterie de marine, de trois pièces de campagne, se mettait en marche.

A cinq heures, la colonne entière, forte de six compagnies d'infanterie de marine, dont quatre du bataillon Toureng et deux du 4e régiment, de deux compagnies de volontaires de la Réunion et d'une batterie d'artillerie de 80 de campagne, s'avançait dans la plaine.

A cinq heures et demie, le fort de Tamatave et l'escadre, forte de trois cuirassés, commençaient le bombardement de toutes les hauteurs et mettaient à feu plusieurs villages de la montagne.

A six heures et demie, alors que nous passions à quatre kilomètres du fort ennemi de Farafate, les Hovas nous envoyèrent un obus qui vint tomber dans un marais, à cent mètres de l'Etat-Major.

Vers les huit heures, comme nous approchions de la rivière qui sépare la plaine de la montagne, et que nous pensions traverser au gué de Semla, au moyen d'un pont confectionné avec des tonneaux sur lesquels on avait disposé des planches, une vive fusillade se fit entendre tout à coup. Notre avant-garde venait de se heurter contre les Hovas, cachés dans les hautes bruyères, les taillis et les brousses.

Les fusiliers-marins se déployèrent immédiatement en tirailleurs et refoulèrent les bandits qui disparurent on ne sait trop comment.

Les marins, arrivant sur la lisière du bois, aperçurent devant eux, de l'autre côté de la rivière, un fort construit en terre et en bois, qui dirigea sur eux un feu nourri.

L'artillerie braqua immédiatement ses pièces et brisa les canons ennemis, avant même qu'ils eussent pu faire feu.

Une demi-heure après, les 40 et 41ᵉˢ compagnies d'infanterie de marine, commandées par deux franc-comtois bien connus, MM. Retrouvey et Ganneval, prirent la formation de combat et vinrent renforcer la gauche des fusiliers-marins.

« A environ huit cents mètres de la chaîne, on distingue les ouvrages de l'ennemi, établis sur la rive droite du Bonnamary ; placés en bordure, sur un escarpement dominant la rivière, ils ont peu de relief et sont recouverts par une toiture formant blindage ; de larges créneaux horizontaux ont été ménagés au sommet de l'obstacle.

Sur la droite, ce retranchement se prolonge par une allée de manguiers de cent-cinquante à deux cents mètres de longueur, au bout de laquelle sont situés un petit poste et un ouvrage terrassé paraissant dominer le gué de Sahamafaty. — Les abords de la position sont constitués immédiatement par le Bannamary, qui s'étale en un large marécage recouvert d'une puissante végétation aquatique. — Dans son ensemble, la ligne hova présente un développement d'un kilomètre environ. — La chaîne se porte par bonds successifs en avant, répondant toujours au feu de l'adversaire. Pendant ce temps, l'artillerie riposte avec vigueur, mais les Hovas, cachés derrière leurs créneaux, lui font beaucoup de mal ; ils ajustent particuliérement les officiers et les servants. »

La lutte continue de plus belle ; c'est même un moment critique, où toutes les chances restent à nos adversaires, qui, abrités par des casemates, échappent à nos projectiles et nous canardent de la belle façon.

« A ce moment, le feu est dans toute son intensité, les traits héroïques succèdent aux actes de bravoure. Le lieutenant Lubet, de l'artillerie, reçoit une balle dans le ventre, au moment où il pointe une pièce et tombe en perdant des flots de sang. Des soldats veulent le ramasser, mais il les renvoie a leur poste. Le maréchal des logis qui vient de prendre sa place, reçoit au premier pointage une balle en pleine poitrine qui le renverse par terre ; il se relève au cri de Vive la France ! et retombe ensuite roide-mort, en étendant les bras.

Le chef armurier Le Venec s'aperçoit qu'une pièce de canon vient d'être mise hors de service par le tir ; tranquillement il part avec sa sacoche, retire ses outils sous une véritable grêle de projectiles et, avec un calme imperturbable, remet la pièce en état.

Sur la chaîne, les balles tombent encore plus dru et font des victimes. Le sous-lieutenant Haye, de la 40ᵉ compagnie, reçoit dans la cuisse une balle qui lui brise le fémur. Il peut à peine se soutenir, mais il conserve néanmoins le commandement de sa section.

Son capitaine, M. Retrouvey, le voyant blessé, veut le faire emmener, mais auparavant il sort sa pharmacie de sa poche pour qu'il soit pansé de suite ; il n'a pas le temps de l'ouvrir car, au même moment, un projectile lui fracasse le tibia gauche, au dessous du genou. »

Un homme eut son casque traversé en même temps par deux balles, dont l'une atteignit à la tête le compagnon qui se trouvait derrière lui. Deux hommes de la même compagnie eurent leurs gamelles percées; chose curieuse, l'un retrouva la balle dans sa provision de viande et l'autre, quelques jours plus tard, en nettoyant son linge, trouva le projectile qui s'était logé dans un morceau de savon.

Dans ce moment critique, le capitaine Retrouvey, que je venais de relever, aidé de quelques compagnons, nous renvoya sur la chaîne en criant : « Courage, la 40ᵉ compagnie !... Du sang froid !... Tirez bien !... Vengez votre capitaine, votre lieutenant !... J'aurais voulu donner l'assaut avec vous !... Vive la France !... Vive l'infanterie de marine !... »

Devant tant d'abnégation, de patriotisme, qui eût osé faiblir, reculer ? Chaque parole du vaillant soldat était suivie de formidables décharges, qui, malheureusement, ne produisaient pas l'effet voulu ; nos ennemis, abrités derrière leurs casemates, étaient à l'abri de nos coups.

Le capitaine Ganneval qui s'était porté à gauche, a fait preuve d'un grand courage.

A chaque instant on entendait sa voix formidable, que la colère rendait encore plus terrible, encourager ses hommes qui répondaient au feu d'un deuxième fort hova, situé à quelques centaines de mètres à gauche du premier.

Arrivée à six cents mètres de l'ennemi, la chaîne ne put aller plus loin et dut s'arrêter sur un bourrelet de dunes formant masse couvrante pour les tirailleurs. Cette position était la dernière du reste, qui permît un feu à peu près efficace.

Nos jeunes soldats de neuf mois, faisaient des feux de salves avec autant de sang froid que sur un champ de manœuvre. L'artillerie envoyait force boulets sur les forts, mais sans pouvoir y faire grand mal. Enfin, au bout de quatre heures d'un combat incessant, une partie de l'armée hova abandonna le fort principal et essaya de nous tourner.

Le passage du gué sous le feu de l'ennemi, ne pouvant s'effectuer sans un extrême danger, et l'artillerie n'étant pas assez forte pour appuyer le mouvement, l'amiral Miot, à la suite d'un conseil de guerre tenu sur le champ de bataille, entre les officiers supérieurs qui reconnurent l'impossibilité d'obtenir un autre résultat technique, ordonna de rompre le combat et de se replier sur Tamatave.

On n'exécuta plus que des feux de salves pour protéger l'artillerie.

Vers midi, l'ordre s'exécute, le lieutenant Cadars qui a remplacé son capitaine, renforce son feu pendant la retraite des autres fractions. Les Hovas du reste ne nous inquiètent pas trop dans ce mouvement.

Ils tentèrent néanmoins de nous couper la retraite, mais ils furent obligés de s'enfuir sous les feux de nos tirailleurs et subirent, à ce moment, des pertes considérables.

A cinq heures du soir, la colonne était de retour à Tamatave.

L'endroit où a eu lieu cette rencontre, s'appelle Sahamafy ou Sahamafaty.

* *

En résumé, cette première affaire prouve que les Hovas bien commandés et bien retranchés peuvent nous résister.

Dans l'opinion générale, nous ne nous sommes pas battus uniquement contre des Hovas, mais bel et bien contre un ramassis d'Européens parfaitement bien disciplinés et initiés aux mystères de la guerre, car ils faisaient des feux lents et très bien ajustés de quatre à six cents mètres. Pas de feux de salves, des coups individuels, et, quand on leur présentait un but d'une certaine importance, des feux de tirailleurs parfois très nourris et assez bien ajustés. Ils consommaient leurs munitions avec beaucoup de ménagements.

Tout, dans la portée des balles, la justesse du tir et la nature des projectiles, démontra jusqu'à l'évidence que nos ennemis étaient armés de fusils se chargeant par la culasse, et qu'ils étaient encadrés par des Européens.

Les Hovas, sachant que c'était le seul endroit où nous puissions facilement pénétrer chez eux, ont depuis deux ans fortifié ce point et ils ont réussi à nous arrêter momentanément.

Nous avons soutenu la lutte contre des Européens et l'élite de l'armée hova.

C'est une véritable guerre que nous allons faire, dans laquelle nous ne serons victorieux qu'autant que nous aurons beaucoup d'artillerie. C'est en renversant tout et en brûlant tout que nous anéantirons nos ennemis.

> Nos beaux fantassins bleus, à la fière poitrine,
> Portant sur leur collet la vieille ancre marine,

comme les appelle le poëte franc-comtois Grandmougin, ont fait preuve de beaucoup de calme et de sang froid au combat de Sahamafy; il est bien certain qu'avec des troupes semblables le triomphe est assuré.

Septembre 1885.

Talasoa

Gué de Sahamasy

Marovats

Ampomatave

Cases protégées par un retranchement.

Suâmane

Sangolatve

Semla

Petit Télez malan

Gde redoute

Manjakadrianambany

Ouvrage circulaire en terre

Grand Télez malan

Tanvo (détroit)

Mur crénelé

Ouvrage sur un mamelon vert.

FARAFATRA

Salazar

Amboutitounou

Vieux camp

Manangars riv.

Arbre sacré

Riu aux Ravenals

Anciens parcs

Tombeau anglais

Tombeaux hovas

Pirogues echouées

Tamatave

Signal

Vieux fort hova

Recif du Sud

Pointe Tanis

Pointe Hastie

Escadre

Recif de la pointe

Passe

Petit recif

Grand recif

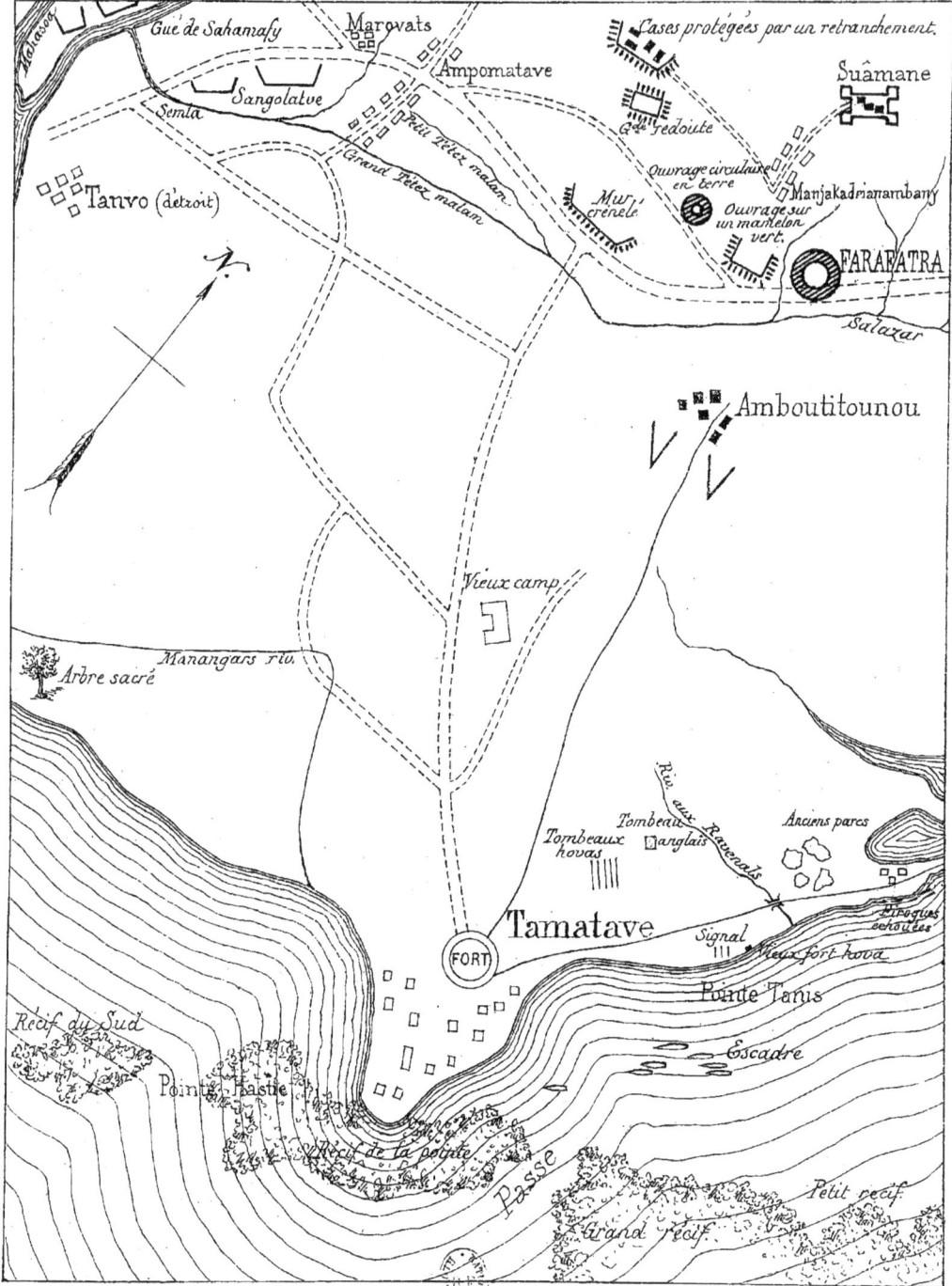

Lignes de fortifications des Hovas du côté de Tamatave.

LEVÉ RAPIDE AU $\frac{1}{40.000}$

FARAFATE

Pendant que nous opérions à Sahamafy, un détachement de diversion, comprenant cent cinquante hommes de la compagnie de débarquement de la *Naïade*, s'était porté dans la direction de la Ranomainly, affluent de l'Yvoloïna, et avait attaqué Farafate ; il détruisit plusieurs postes hovas.

Farafate est un village qui a donné son nom à un camp fortifié des Hovas. Il est situé à sept kilomètres de Tamatave dont la vaste plaine, quelque peu accidentée, dominée au loin par les abords de la grande chaîne qui partage du nord au sud Madagascar, est baignée ou plutôt limitée par une série de rivières, affluents des deux fleuves côtiers, l'Yvondro et l'Yvoloïna, situés, le premier au sud, le second au nord de Tamatave.

Ces deux fleuves ont des affluents et des dérivés qui concourent avec eux à fermer la plaine de Tamatave par leurs rapprochements successifs. C'est ainsi que, en remontant

5

vers le nord, on passe de l'Yvondro dans la Vornikina et de la Vornikina dans la Sangalatra ;
pour descendre vers le sud on peut passer de l'Yvoloïna dans la Ranomainly et de cette
dernière rivière dans la Velezza Antony. Il en résulte que, sauf la ligne de faîte peu accentuée, qui s'enfonce comme un coin dans les terres, entre la Sangalatra et la Velezza Antony,
la plaine de Tamatave est entourée par les deux petits fleuves et leurs affluents tandis qu'elle
est baignée à sa base par la mer.

Encouragés par des officiers anglais et américains, les Hovas, après trois tentatives
infructueuses sur Tamatave, ont résolu de nous fermer cette plaine, autrement dit de nous
barrer la route de l'intérieur. Pour cela, ils se sont fortifiés sur le périmètre des rivières
décrites plus haut ; ils se sont exercés ; des espions, répandus chez plusieurs anglais de
Tamatave, les ont renseignés sur nos projets ; on leur a fourni des armes et des canons.
C'est alors que, grâce à l'inertie imposée d'en haut à nos troupes, ils sont venus nous har-
celer jusque sous Tamatave et, en quelque sorte, nous bloquer dans la ville même.

Farafate, entouré de marais, est un des points les plus fortifiés de la plaine. Son
nom hova est Manyakandrianombana, soit cette phrase : *celui qui plaça le roi sur son trône.*

C'est un village important que, sous la direction des étrangers, les Hovas ont fortifié, palissadé avec art, où ils ont apporté de l'artillerie. Farafate commande à la fois la Velezza Antony et la Sangalatra, mais, sur cette dernière rivière, à six kilomètres environ de
Farafate, est le poste de Sahamafy, où nous avons éprouvé une grande résistance le 10
septembre.

En arrière de cette première ligne de fortification, les Hovas ont massé leurs forces
à Sviénierana ; c'est là qu'est le gros de leur artillerie, fournie en grande partie par les Anglais et sous leurs ordres, puisque les Hovas ont dans leurs rangs plusieurs de ces officiers
que le gouvernement anglais trouve toujours moyen de jeter en travers des projets de la
France.

Grâce aux espions, le plan d'attaque était parfaitement connu. A Tananarive et
même à Maurice on n'ignorait rien de nos projets. Le journal anglais les annonçait à ses
lecteurs avant que les premiers coups de canon eussent été échangés.

Dans la nuit du 11 au 12 septembre, les Hovas sont venus attaquer nos avant-postes
mais ils ont été promptement repoussés ; on a même fait prisonniers deux d'entre eux qui
avaient voulu pénétrer dans Tamatave.

D'après les renseignements fournis par ces derniers, la journée du 10 a coûté cher
à nos ennemis qui ont eu environ huit cents hommes hors de combat.

De notre côté, les pertes s'élèvent à trois morts, dont un officier et trente-trois blessés, dont trois officiers.

Dans la nuit du 14 au 15, les Hovas sont encore venus nous attaquer. Comme la première fois, ils ont été refoulés avec pertes. Ils nous ont fait l'honneur de trois boulets qui ne sont pas arrivés jusqu'à nous et ont tiré quelques coups de feu sans aucun résultat.

Ces jours derniers, la gendarmerie a opéré plusieurs arrestations d'espions.

* * *

Le 13 septembre, l'infanterie de marine a fait subir un nouvel échec aux Hovas, du côté d'Amboudimadirou, dans la baie de Passondava, au nord de Majunga.

Depuis plusieurs jours, les tribus sakalaves se plaignaient vivement des incursions de l'armée ennemie qui mettait tout au pillage et se signalait par de nombreux méfaits.

Le commandant Pennequin organisa une reconnaissance dans la plaine et partit avec une compagnie de Sakalaves et cinquante hommes de l'infanterie de marine.

Le véritable but de cette reconnaissance était d'étudier les fortifications ennemies de ce côté et, en second ordre, d'intimider les hordes pillardes des Hovas faisant des invasions fréquentes sur le territoire de nos alliés.

L'armée ennemie fut rencontrée près d'Amboudimadirou.

S'apercevant du petit nombre d'hommes dont se composait la colonne, les Hovas cherchèrent à nous entourer et se précipitèrent sur nous en poussant leur cri de guerre.

On forma immédiatement le carré et une formidable décharge éparpilla nos adversaires qui ne se trouvaient plus qu'à une distance de vingt pas.

Ce fut une véritable panique. Le commandant profita de ce moment pour ordonner la retraite, car c'eût été folie de tenter la poursuite, vu le grand nombre des Hovas.

Une demi-heure après, l'armée hova, qui s'était reformée, se mit à notre poursuite et nous cerna une seconde fois. Le carré fut de nouveau formé et nos décharges successives leur firent subir des pertes sérieuses.

Leur débandade nous permit de battre en retraite, et le retour à Majunga s'effectua sans autre incident.

Les Hovas ont eu environ trois cents hommes hors de combat. Le commandant Pennequin a été blessé ainsi que seize hommes.

* * *

Plusieurs personnes suspectes ont été arrêtées ces jours derniers. L'une d'elles, un nommé Raccabisch, employé dans une importante maison anglaise, la maison Proctor de Tamatave, a été fusillée le 15 octobre.

On avait trouvé chez ce drôle treize lettres des Hovas, dans lesquelles on lui demandait de nombreux détails sur nos forces, nos moyens de défense et nos intentions.

Les renseignements demandés avaient été fournis très exactement, et nos ennemis avaient eu connaissance, plusieurs jours auparavant, de la reconnaissance faite le 10 septembre à Sahamafy. C'est ainsi qu'ils avaient massé leurs forces sur ce point et qu'ils nous ont arrêtés dans notre itinéraire.

Le Conseil de Guerre, séant à Tamatave, s'est montré énergique, et cette mesure servira d'exemple pour l'avenir ; messieurs les espions feront bien de se tenir sur leurs gardes, car dame police a l'œil sur eux.

L'adversaire continue à se fortifier. De notre côté, nous faisons de nombreux préparatifs de défense en cas de surprise. Une machine à projections électriques est établie dans le fort pour déjouer les attaques nocturnes.

Octobre 1885.

Pl. V.

TAMATAVE. — LE FORT CIRCULAIRE HOVA.

(Vue prise de la ville).

Dessin de Raymond Deshays, d'après un croquis de l'auteur.

LES SOCIÉTÉS DE SECOURS

La « Gazette Malgache ». — La Convention de Genève et les Sociétés de secours aux blessés. — La Croix-Rouge française. — L'Union des Femmes de France. — Paresse indigène. ,

---

Un négociant français m'a communiqué un numéro de la *Gazette Malgache*, journal de la reine Ranavalo, qui s'imprime à Maurice (toujours l'Angleterre).

Dans ce numéro, nos ennemis racontent, à leur façon, dans un style imagé, puant l'anglais, les rencontres de Sahamafy et d'Yvondrou, près d'Amboudimadirou.

D'après eux, nous avons eu quatre charrettes de morts et un nombre inestimable de blessés ; nous avons tiré des milliers de coups de canon, sans aucun résultat ; enfin nous avons reçu une raclée épouvantable.

L'article se termine par cette phrase : « La reine ne cédera, coûte que coûte, aucun pouce de terrain à la France. » Un alinéa spécial, consacré à l'armée des *cent mille*, fait l'éloge des troupes hovas.

On ne peut être plus modeste !

.˙.

La Convention de Genève est une convention militaire qui, en 1864, établit le principe de la fraternité des peuples, en obtenant que les pays neutres, affiliés à son œuvre, eussent le droit, en cas de guerre, d'envoyer des secours aux blessés des armées belligérantes.

Tout soldat blessé ou malade, jouit du privilège de l'inviolabilité. A partir du moment où ses blessures ne lui permettent plus de se servir de ses armes, il a droit à tous les égards, même de la part de ses ennemis.

Cette inviolabilité et cette protection s'étendent même aux objets dont il a besoin, au matériel hospitalier et aux personnes dévouées occupées à le servir.

Cette magnifique et humanitaire convention provoqua dans toute l'Europe la création de Sociétés de secours, sublimes auxiliaires du service de santé des armées nationales, et révéla que si la guerre a ses horreurs, elle a aussi ses splendeurs.

Depuis cette époque, l'œuvre a fait du chemin, et, de la vieille Europe, son point de départ. elle s'est étendue à travers le vaste univers, ici française ou allemande, là américaine ou japonaise, montrant au monde entier les droits et les devoirs de l'humanité, ce qui est une loi sacrée de la nature.

C'est toujours avec le plus profond respect qu'à travers les morts et les blessés, sur le champ de bataille, on voit circuler les brassards blancs à la petite croix rouge, qui sont les signes distinctifs des adhérents à la Convention de Genève.

Je ne parlerai point des nombreux groupes qui, pénétrés de ces sentiments de dévouement et d'abnégation, se sont constitués depuis la réunion de la plupart des Etats de l'Europe. sur les bords du lac suisse, où, dans une familiale conférence internationale, furent décrétés le respect et l'assistance aux vaincus, et qui, sous des appellations différentes, sont des Sociétés de secours aux blessés militaires des armées de terre et de mer. Je ne citerai que la *Croix Rouge Française* et l'*Union des Femmes de France,* qui sont les plus fortes et les mieux organisées.

.˙.

La plus ancienne, la *Croix Rouge,* créée en 1864, fut constituée définitivement le 11 mars de l'année suivante. Plus tard, reconnue comme établissement d'utilité publique, elle reçut la mission de concourir, par tous les moyens en son pouvoir, au soulagement des blessés et des malades, dans les hôpitaux, les ambulances et sur les champs de bataille.

Elle se compose d'hommes et de femmes, fondateurs ou souscripteurs, est administrée par un conseil de cinquante membres, élus par elle, et institue, dans les chefs-lieux de département, d'arrondissement et de canton, des comités d'hommes et des comités de femmes. Des membres correspondants lui sont attachés dans les autres localités.

La société possède un grand matériel d'ambulances de campagne, d'ambulances volantes et d'infirmeries de gare.

Elle distribue des allocations aux victimes de la guerre, des membres artificiels aux amputés, des objets extra-règlementaires aux victimes des expéditions coloniales. On l'a vue en Tunisie, au Tonkin, au Sénégal, à Madagascar, partout où on a besoin d'elle, même à l'étranger, envoyant des secours aux blessés des armées russe ou ottomane.

Elle a fondé des écoles de brancardiers, institué des cours et des conférences pour les infirmières, constitué des cadres, etc., etc.

Son intervention consiste essentiellement :

« A créer, dans les places de guerre, villes ouvertes et autres localités désignées par le Ministre de la guerre ou les généraux commandant le territoire, sur la proposition des directeurs du service de santé, des hôpitaux auxiliaires destinés à recevoir les malades et blessés de l'armée qui, faute de place, ne pourraient être admis dans les hôpitaux militaires ;

A prêter son concours au service de l'arrière en ce qui concerne les hôpitaux auxiliaires de campagne de ce service ;

A faire parvenir aux destinations indiquées par les Ministres de la guerre et de la marine les dons qu'elle recueille pour les malades et les blessés ;

En outre, elle reste chargée des infirmeries de gares.

Ce programme d'action a pour conséquence de faire peser sur la Société, dès le temps de paix, des obligations très étendues, en ce qui concerne l'accroissement de ses rérerves de matériel d'ambulance et la formation du personnel hospitalier. »

.·.

Après l'année terrible 1870-1871, qui démontra d'une façon si tragique le danger de l'agglomération des malades et des blessés, les mères de famille, à l'âme véritablement française, comprirent que les moyens de secours improvisés trop rapidement en temps de guerre étaient insuffisants, et crurent qu'il était de leur devoir de préparer et, d'organiser les moyens qui pourraient conjurer les dangers que viendraient à courir un jour leurs enfants, et atténuer leurs souffrances.

C'est de ce besoin, de cette nécessité que s'établirent de nombreuses sociétés et, parmi elles, en 1882, l'*Union des Femmes de France*, qui a pour but : « d'organiser un matériel et un personnel qui seront mis à la disposition de l'autorité militaire, afin d'obtenir sur tous les points du territoire des centres d'hospitalisation ». Un grand nombre d'hôpitaux temporaires sont ainsi formés. Ils sont administrés par des comités locaux et rattachés aux directions des services de santé militaire ; c'est à la composition et à la formation de ces hôpitaux que travaillent sans relâche, les femmes de France.

Les hôpitaux de l'*Union des Femmes de France* seront donc affectés aux malades et blessés que les ambulances de première ligne, toujours trop encombrées, évacueront sur eux, et là, sans avoir à quitter le foyer de famille, les femmes pourront remplir leur patriotique devoir.

Les services rendus par cette société sont déjà importants et nombreux. Ce sont des quantités considérables de secours qu'elle a expédiés en Algérie, en Tunisie, au Tonkin, dans l'Annam comme à Madagascar. Elle est intervenue par des envois d'argent et d'approvisionnements dans tous les désastres publics de France et d'Algérie et de nos Colonies : innondations, grands incendies, tremblements de terre, invasions de sauterelles, naufrages, etc., etc.

*
* *

Les catégories d'objets envoyés aux Colonies par ces sociétés de secours sont de préférence, de la quinine, du vin de quinquina, du vin de coca-kola, du jus de citron concentré ; des vins de Bordeaux, de Banyuls, de Champagne ; des eaux minérales ; du lait concentré, du bouillon, des légumes conservés ; du chocolat, du thé, des confitures, des fruits confits, des biscuits, etc. ; des chemises, des mouchoirs, des chaussettes ! des chemises de flanelle, tricots de laine, gilets de flanelle, ceintures de laine ; des livres et journaux illustrés, des jeux, tels que quilles, boules, lotos, dominos, dames, jeux d'oie, etc. ; du tabac, des cigarettes, du papier à cigarettes, des pipes ; du papier à lettres, des plumes, porte-plumes, encriers portatifs, encre, etc., etc. ; de la petite mercerie, des menus objets de toilette : savons, brosses, etc.

Tous ces objets sont expédiés dans des caisses doublées de fer blanc, munies de couvre-points, clouées solidement, et suffisamment fortes et légères pour supporter de nombreux transbordements et être facilement portées à dos d'homme. Du reste, leur poids est toujours inférieur à trente kilos.

Les arrivages aux Colonies apportent une grande consolation aux marins et soldats, qui, loin de la mère patrie, modestes et héroïques, vont mourir silencieusement, pour la gloire du pays et l'honneur du drapeau.

J'ai assisté à plusieurs distributions et j'ai eu grand plaisir à remarquer la satisfaction qui se peignait sur les visages amaigris des pauvres blessés, mais qu'il me soit permis de regretter qu'une surveillance plus active n'ait pas lieu dans ce partage. Comme l'ont dit plusieurs journaux, une certaine partie des dons ne parvient pas au malheureux troupier, à qui cependant, dans l'esprit des donateurs, ils sont uniquement destinés.

Tout ce qui concerne les effets d'habillement et de chaussures est réparti avec assez d'équité, mais il n'en est pas de même de la nourriture et des boissons, car, lorsqu'un envoi se compose de bouteilles de vin vieux, de toniques et de boîtes de conserves, la majeure partie court les risques d'être détournée par la gent débrouillarde et fricoteuse qui fait bombance, et la quantité remise à la troupe, se réduit à peu de chose.

Il est pénible de constater pareil gaspillage, la beauté de l'œuvre reposant sur la charité et le dévouement.

*　*

Un jour les femmes de France firent un envoi de petits matelas pour les ambulances. Une corvée de vingt hommes fut commandée pour en opérer le débarquement, qui eut lieu en plein midi, c'est à dire au moment où la chaleur est insupportable.

L'amiral, qui venait de descendre à terre, renvoya les hommes et fit transporter les fardeaux par des Malgaches, ce qui nous permit de constater l'extrême paresse de ces indigènes.

Les matelas étaient ficelés par ballots de six, et deux hommes pouvaient en opérer facilement le transport.

Les porteurs se mirent au nombre de huit à dix par ballot et parurent faire des efforts extraordinaires pour en opérer le soulèvement ; ils n'en auraient pas fait d'avantage pour soulever un wagon.

Le contre-maître indigné fit tomber sur leurs épaules, une grêle de coups de nerf de bœuf dont il était armé, et aussitôt, tous de s'enfuir à toutes jambes. Un seul resta avec le fardeau et l'enleva comme une plume.

Octobre 1885.

6

TAMATAVE ARTISTIQUE

Le théâtre des Marsouins. — Formation d'une Société de Colons.

Depuis quelque temps, Tamatave possède un théâtre, où, tous les dimanches, se donne une *grande* représentation.

Ce théâtre, parfaitement organisé, a été monté par quelques jeunes gens de l'infanterie de marine, dans une cour ombragée par de superbes manguiers. On y chante la romance et la chansonnette comique, on y débite le monologue et les pochades militaires, on y joue tout le répertoire de Labiche.

L'amiral Miot, descendu à terre inopinément, tomba un jour en pleine représentation, et, émerveillé, promit le concours de la musique de la flotte aux petits marsouins.

La nouvelle se répandit vite en ville, et, le dimanche suivant, les sièges n'étaient pas assez nombreux pour recevoir les gracieuses créoles et les nombreux colons et indigènes venus pour assister au spectacle.

La veille de chaque représentation, les soldats appartenant à l'administration du théâtre, se rendent chez les habitants, pour prendre les objets que ceux-ci mettent gracieusement à leur disposition pour le décor de la scène, et les costumes nécessaires à tous les rôles.

Bien souvent les petits fantassins bleus, qui remplissaient les rôles de femme, ont rendu à leur propriétaire, des loques en remplacement des riches toilettes qui leur avaient été confiées, mais la faute n'en incombait qu'aux godillots règlementaires.

Malgré ces petits inconvénients, les artistes n'en remplissent pas moins bien leurs rôles et la petite population de Tamatave éprouve un grand plaisir à les écouter.

Sur un autre emplacement, nos troupiers donnent aussi des intermèdes de gymnastique à la vue desquels, les braves indigènes *s'esbaudissent* beaucoup.

.·.

Il y a en ce moment à Tamatave, une société en voie de formation, appelée la *Société des colons français de Madagascar.*

Cette Société a pour but :

De favoriser l'établissement des colons à Madagascar, d'aider à la création d'établissements agricoles, d'ouvrir au commerce un nouveau champ d'exploitation, et, enfin et surtout, de soutenir les anciens colons, tant dans leurs efforts de colonisation que dans les revendications qu'ils auront à faire, pour les pertes qu'ils ont subies, soit par le fait des Hovas, soit par suite des événements de guerre dont ils ont eu à souffrir, et, à cet effet, recevoir toutes communications et tous renseignements, réunir toutes pièces et documents, appuyer toutes réclamations justes et fondées auprès de toutes commissions ou autorités, fournir aux intéressés tous renseignements gratuits offrant les plus grandes garanties et aussi les affranchir de démarches longues et coûteuses.

Le comité centralisera à Tamatave tous les documents relatifs aux productions du pays, aux objets qui y sont consommés de préférence, au trafic qu'on y peut faire tant à l'importation qu'à l'exportation.

Le comité se mettra en communication avec toutes les sociétés philanthropiques, de colonisation, de géographie, de navigation et autres, qui ne refuseront pas de seconder l'œuvre de la Société.

Enfin, s'inspirant de ce qui a été utilement fait par d'autres sociétés, le Comité de la Société des colons de Madagascar ouvrira un répertoire du travail, par un registre des offres et demandes où seront inscrits à leur tour, tous ceux qui auront le désir de trouver dans cette colonie l'emploi de leur activité.

Il me semble que le but de cette société est très bon, et qu'il mérite d'être appuyé.

Ce serait provoquer et faciliter, un mouvement d'émigration libre vers Madagascar en favorisant les colons, grâce aux ressources fournies par les souscriptions et les dons. Malheureusement, le moment est mal choisi, quant à présent, et nos compatriotes qui connaissent la situation exacte de Madagascar, hésitent, à juste droit, à s'exiler dans une île, dont le séjour n'est autre chose qu'une captivité.

En effet, que possédons-nous à Madagascar ? Du sable, et c'est tout ! Tamatave ne produit rien, Majunga, Diégo-Suarez, etc., sont dans les mêmes conditions. Ce seraient-là de mauvais champs d'exploitation où, la charrue fouillerait en vain le sol.

Il faut que la situation actuelle change du tout au tout. Il faut que nous ayons libre accès dans l'île et alors, nous pourrons dire aux colons : accourez ! accourez ! une terre riche et fertile vous attend.

Mais nous n'en sommes pas encore là. Il faut dépasser la montagne, refouler les Hovas jusque dans leurs derniers retranchements, les anéantir complétement.

Que le gouvernement envoie des canons et des hommes, et cela sans retard, puis, quand notre drapeau flottera librement sur toutes les hauteurs, on pourra songer à envoyer des colons, qui certainement, trouveront à Madagascar, les moyens de faire fortune en peu de temps.

Octobre 1885.

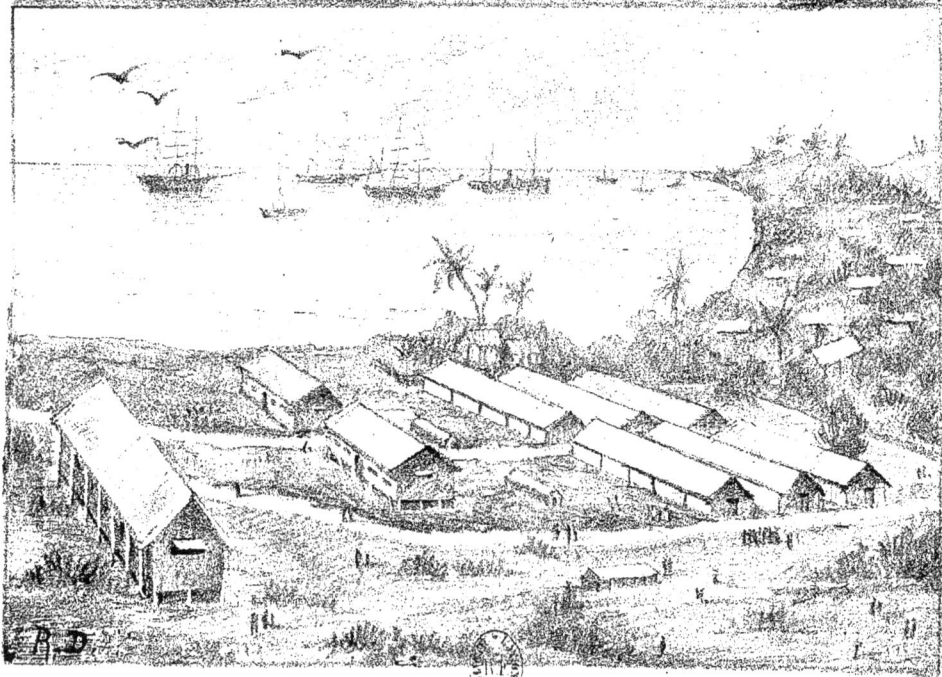

TAMATAVE. — VUE PRISE DU CAMP. — LE CAMP, VUE PRISE DU FORT.

LES HOVAS

Le peuple hova. — Le Hova en particulier. — Organisation civile.
Organisation militaire.

Les Hovas sont de race malaise.

Au VIII° siècle, plusieurs émigrations ayant eu lieu, on suppose que quelques bandes de ces Indiens vinrent s'établir à Madagascar et dans les îles avoisinantes, où ils formèrent la fameuse tribu désignée aujourd'hui sous le nom de Hova.

A leur arrivée dans l'île, ils trouvèrent les côtes déja habitées et cherchèrent un refuge dans des régions plus désertes : c'est ainsi qu'ils pénétrèrent dans les vallées du haut plateau qui domine toute l'île et s'y fixèrent.

Là, ils s'adonnèrent à l'agriculture, firent tant et si bien, qu'aujourd'hui leur pays est parfaitement cultivé ; presque tous les vallons sont tranformés en rizières bien irriguées.

Les habitations de ces indigénes sont tout à fait primitives. Ce sont des cases désignées sous le nom de *canias* ; les murs sont faits de joncs entrelacés, et la toiture se compose d'un simple feuillage, ordinairement des feuilles de palétuviers ou de vaquas, à travers lesquelles l'eau ne pénètre pas. Un cadre en bois, garni de feuilles sert de fenêtre.

Les cases sont presque toujours divisées en deux parties, l'une servant à la fois de cuisine et de salle à manger, l'autre de chambre à coucher.

En fait de meubles, on ne voit guère que quelques nattes de joncs, servant de lits, et de grossiers tabourets.

Dans les ménages pauvres, les ustensiles de cuisine comprennent quelques poteries de terre et des feuilles de ravenala, servant à la fois d'assiettes, de cuillers, de verres, etc. On rencontre souvent aussi des plats en bois, des jarres et des gobelets en corne.

Leur principale nourriture est le riz ; les jours de fête, on mange des fricassées de poulets, car la volaille abonde dans ce pays, du bœuf, du sanglier, des légumes et des fruits. L'eau qui est l'unique breuvage, subit une cuisson avant d'être consommée. Malgré cela, les liqueurs fortes sont beaucoup appréciées.

Le mariage est libre. Deux êtres se plaisent : ils s'épousent et se quittent sans autre forme de procès, quand bon leur semble.

Un hova a deux ou trois femmes, suivant qu'il est plus ou moins riche.

Leur religion prescrit les sacrifices, qui ont lieu en plein air. Ces naturels, comme tous les peuples non civilisés sont très superstitieux. Il y a de nombreux sorciers qui pratiquent une espèce de médecine et ont une grande influence sur les habitants.

Le costume des hommes est original et se compose de deux morceaux de toile blanche, l'un entourant les reins, l'autre couvrant les épaules et la poitrine.

Les jours de grande solennité, ils portent le *lamba*, pièce d'étoffe ou de coton, variant suivant la richesse.

Les femmes qui, en général, ont une physionomie assez agréable, portent un vêtement qui leur couvre les épaules et leur serre les reins sans comprimer la poitrine : une sorte de draperie sert de jupe ; quelques unes d'entre elles s'affublent de jupons européens. Leur chevelure est tressée avec un soin méticuleux ; j'ai compté jusqu'à vingt-deux nattes sur la tête de l'une d'elles.

La tribu hova a le caractère belliqueux, aussi est elle sans cesse en guerre avec les autres peuplades de l'île, les Malgaches, les Sakalaves, les Bares, les Mahafales, les Antakares, etc.. etc., qu'elle tient en quelque sorte sous son joug.

Toutes ces peuplades qui ont la haine des Hovas, nous prêteraient certainement la main. Il serait utile de se les attacher en leur promettant de faire valoir leurs terres, en créant des entrepôts, des débouchés. C'est à mon avis, le seul moyen pratique de les gagner. quoiqu'en disent les missionnaires catholiques, protestants ou autres, qui viennent parler de Jésus-Christ à des individus n'adorant que des idoles. Qu'on les fasse entrer dans la voie du progrès par d'utiles transactions ; plus tard, quand ils comprendront notre manière de vivre, qu'ils auront apprécié nos qualités, ils embrasseront tel ou tel culte, si bon leur semble.

. .

Le Hova est un demi sauvage qui joue au civilisé.

Il a trois moyens d'action bien caractérisés : la ruse, le mensonge et la cruauté.

Réservé et méfiant, il est hypocrite et fourbe au suprême degré. Il n'a ni bonté, ni dignité ; il est insolent ou plat et cela sans milieu.

Il n'entreprendra rien sans se consulter longuement et sans consulter ses semblables. Il tient de nombreux *kabary*, conseils, avec ses voisins, ses proches, avec tous ceux en un mot, qui ont des intérêts semblables aux siens, et qui sont d'excellent conseil ; à dire vrai, il ne les consulte que pour la forme et ne suit que sa propre inspiration.

Il ne s'engage qu'à bon escient et s'entend aux affaires qui lui sont profitables.

Pour lui, le travail est un vain mot ; il ignore son âge et ne se dit vieux que lors· qu'il se sent débile. Sa seule vertu est la patience ; il l'a possède à un très haut degré, aussi bien pour souffrir sans se plaindre, que pour attendre sans hâte. Joignez à cela qu'il est fataliste et superstitieux ; il respecte les *sampy*, idoles, croit aux *mosary*, sortilèges, et a recours aux *fanafody*, talismans.

La patience et le fatalisme ont mis en lui le goût de la temporisation, et la superstition lui a inspiré l'espérance. Et du mélange de cette espérance toujours nouvelle et de cette temporisation jamais découragée, il s'est composé une force qui défie toutes les autres, la force d'inertie.

Chez lui, cette force n'a d'égale que son égoïsme. Ce qui est en dehors de ses intérêts ne le touche guère. Il nie la générosité, et si vous l'obligez, si vous le secourez, il ne vous en saura aucun gré, car il vous supposera une arrière pensée, un mobile caché et se méfiera de vos bienfaits.

J'ai vu un Hova qui s'était cassé la jambe et qui, soigné et guéri par un médecin du corps expéditionnaire lui tendit la main et demanda une récompense, persuadé que si le médecin lui avait raccommodé son membre, c'est qu'il avait des intérêts pour le faire.

Ne lui parlez pas de reconnaissance, c'est pour lui un bagage inutile, dont il se soucie peu de faire les frais.

C'est un madré ce sauvage, qui ne connaît ni Dieu, ni la patrie, ni la famille, ni la haine, ni l'amour. Il croupit dans la paresse et trouve son bonheur dans une béate tranquillité. Reprochez-lui sa cupidité, son avarice, sa lâcheté, il étalera tous ses vices au soleil et se moquera de vous.

Par sa puissance de dissimulation et sa profonde ironie, il déconcerte les plus résolus ; par son aisance à manquer à la foi jurée, à discuter son serment, à récuser ses promesses, il déroute les plus habiles.

Jamais un Hova ne prononcera franchement oui ou non ; il osera peut être dire oui et non, mais il est plus que probable qu'il se contentera de dire ni oui, ni non.

Tel est le Hova en particulier, tel est le peuple en général. Celui-là n'est que la réduction de celui-ci, et qui en connaît un les connaît tous.

Après cet aperçu, il est aisé de comprendre les difficultés que nous éprouvons pour maintenir nos droits sur Madagascar.

⁂

L'organisation civile des Hovas, laisse beaucoup à désirer. Chaque province est gouvernée par un commandant et divisée en cantons, à la tête desquels, est placé un fonctionnaire. Le canton est lui-même divisé en tribus qui se subdivisent en villages, sous l'autorité d'un chef de village, assisté d'une sorte de conseil municipal dont l'autorité est nulle.

L'organisation militaire est encore plus défectueuse.

Chaque citoyen valide doit passer cinq ans sous les drapeaux, ou plus, si sa présence est nécessaire.

Pendant ces cinq années, il n'est ni payé, ni logé, ni habillé, ni nourri ; il doit pourvoir à tous ses besoins. Le soldat hova est généralement mal vêtu, mal équipé, mal armé. Un veston, un pantalon, une toque ronde de toile blanche agrémentée de broderies rouges, composent le costume. Ils sont tout fiers lorqu'ils peuvent se procurer une défroque de nos marins ; ils apprécient fort l'épaulette jaune de l'infanterie de marine ou le chapeau à plumes rouges, du soldat anglais. Ils n'ont ni havresac, ni capote, ni couverture, ni campement. Ils bâtissent leurs cases où ils peuvent et vivent de rapines, maraudant ou mendiant le riz qui est la base de leur ordinaire.

Leur arme favorite est la sagaie, sorte de lance de un mètre cinquante de long ; depuis quelques années pourtant, un certain nombre d'entre eux possèdent des Remingtons et des Sniders dont ils se servent plus ou moins bien.

Il y a presque autant de gradés que de soldats. Le grade chez eux, est désigné sous le nom d'*honneur* et la hiérarchie s'arrête au seizième honneur.

En fait d'instruction militaire, leurs connaissances se bornent à quelques mouvements simples et à la formation du carré. En général, le Hova a peu de goût pour le métier de soldat et s'y dérobe le plus souvent. Moyennant un cadeau ou une somme d'argent, les plus riches se font exempter ; les indigents fuient le village et se cachent dans la brousse.

Pour compléter l'effectif, le chef de village se voit, la plupart du temps, dans l'obligation d'enrôler des enfants, des vieillards, des infirmes, si ceux-ci ne peuvent payer leur rachat.

Les recrues, dirigées sur Tananarive, assistent à un grand kabary et entendent de pompeux discours sur le patriotisme et la fidélité qu'elles doivent à la reine. Elles y répondent par de grand cris et de longues acclamations, et, la cérémonie terminée, elles peuvent vaquer dans la ville en toute liberté, jusqu'à ce que la période d'instruction soit arrivée. Beaucoup d'entre elles profitent de cette liberté pour disparaître.

Le système de ravitaillement employé par les Hovas est des plus simple : lorsque les provisions d'un corps d'armée sont épuisées, on envoie dans les villages une Commission accompagnée de soldats armés. On fait le recensement de chaque propriété et l'on prélève tant d'animaux par cent têtes de bétail, tant de boisseaux par mille mesures de graines, et tout cela est enlevé, sans autre forme de procès, pour les besoins des soldats de la reine.

Les officiers, dont le titre est purement honorifique, prélèvent sur ce pillage la meilleure part.

C'est la dîme qui existait autrefois en France, sous la féodalité. C'est la ruine du pauvre mais laborieux habitant, au bénéfice de la noblesse qui, sans souci ni vergogne, s'engraisse à ses dépens.

Pour être sauvage on n'en est pas moins homme, et beaucoup des petites peuplades de l'île, opprimées journellement, menacent de secouer leur joug et de renverser les tyrans.

La première opération sérieuse de nos troupes portera un grand coup à la race hova et gagnera à notre cause bien des tribus, qui ne demanderont pas mieux que d'être nos alliées.

Déjà les Sakalaves, ennemis acharnés des Hovas, ont organisé une sorte d'armée, construit des forts, établi des postes et, de temps à autre, s'avancent sur leur territoire et mettent tout au pillage.

Le Sakalave serait pour nous un précieux allié, s'il était possible de tempérer ses instincts pillards qui compromettent la dignité d'une grande nation. Malheureusement, la chose est impossible, c'est un sauvage belliqueux en diable, plein de ruse et d'astuce, de cruauté et de haine, dont les actes barbares, même s'ils touchent à l'héroïsme, le font paraître plus odieux.

Novembre 1885.

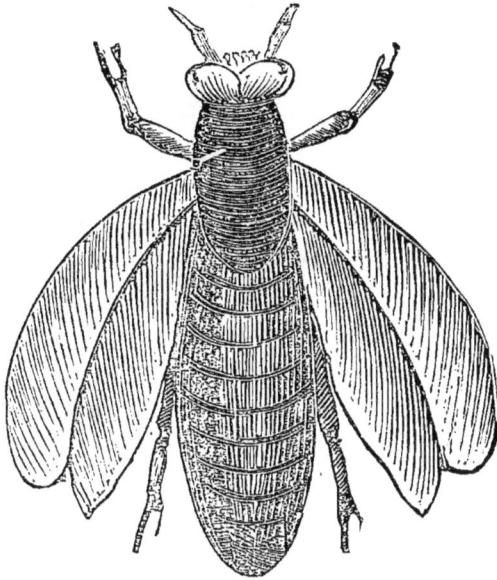

A TRAVERS LA GRANDE ILE

Ornithologie de Madagascar. — Les mouches à feu.

Malgré les nombreux renseignements fournis depuis longtemps déjà par les voyageurs, on ne se figure pas exactement ce que vaut Madagascar, et la France, trop lente dans tout ce qu'elle entreprend, a toujours eu l'air, jusqu'ici, de vouloir se laisser tondre l'herbe sous les pieds.

Madagascar, en effet, qui est une île plus grande que la France, réunit dans son sein tout ce que la terre peut naturellement produire. Légumes, plantes, fruits de toutes sortes y abondent; on n'a que la peine de les cueillir.

C'est un sol infiniment fertile qui, travaillé, rapporterait mille fois plus qu'il ne rapporte en ce moment. Malheureusement les peuplades qui l'habitent à l'exclusion des

Hovas et des Malgaches, s'adonnent peu à la culture, en sorte que cette terre riche et fertile ne voit éclore que ce que la nature seule peut donner, et le produit de cette virginité suffit amplement aux besoins des nombreux habitants de l'île.

Les Hovas qui habitent les régions des hauts plateaux, cultivent le riz et en font bon an, mal an, trois récoltes; cette graine, mise en terre peut-être cueillie trois ou quatre mois après. On voit par là seulement, les avantages que l'on peut retirer d'un sol pareil qui produit le caoutchouc, la vanille, le cacao, le café, le riz, le maïs, etc., etc., et cela à foison. La vigne elle-même et le blé y viennent fort bien. On y voit beaucoup d'orangers, de citronniers, de pêchers, d'amandiers, de figuiers, de dattiers, de caroubiers, de manguiers, de bananiers. On y trouve une infinité d'essences de bois excessivement rares et propres à être travaillés.

Indépendamment de ces richesses qui constituent la plus noble des richesses, l'île possède des mines d'or, d'argent, de fer, de cuivre, de plomb, de charbon, etc., qui n'ont jamais été exploitées. La reine Ranavalo — qui est une femme de progrès — défend à tout habitant, sous peine de mort, de toucher à ces trésors, persuadée qu'elle est, que la vue de ces richesses fascinerait les étrangers et qu'un beau jour son île passerait aux mains d'une autre nation qui moins tenue par l'avarice, les répandrait dans le monde entier. Elle ne permet l'établissement d'aucun chemin, d'aucune communication et ne veut avoir aucun débouché.

La devise de la reine est : « Tout pour moi, rien pour les autres. »

Les bois de l'île sont peuplés de bœufs sauvages, de sangliers, de moutons, etc., les plaines et les marais sont habités par des quantités innombrables de perdrix, de cailles, de faisans, de canards, sarcelles, poules d'eau, bécassines, râles, etc., etc., sans compter les différentes variétés d'oiseaux aquatiques dont les plumes, ravissantes et variées, feraient les délices de la mode.

D'après le récit de quelques Malgaches que j'ai interrogés moi-même, l'ornithologie de l'île serait très riche. Je ne parlerai, quant à présent, que des différents oiseaux qui habitent la plaine, n'ayant pas encore eu le loisir de pénétrer dans la montagne.

Ce sont les corbeaux qui abondent le plus, de gros corbeaux noirs à col blanc, puis la poule-d'eau à bec rouge, comme on en rencontre souvent dans la Haute-Saône, sur les bords de l'Ognon; la bécassine, le héron, la tourterelle, le cardinal, l'oiseau-vert, la perruche verte, le perroquet noir; il y a aussi plusieurs espèces de canards, entre autres un tout petit canard au ravissant plumage, que les Malgaches appellent « vouronkouik. » On rencontre quelquefois l'ibis huppé et une sorte de merle vert aux ailes couleur chocolat.

Les chauves-souris sont de taille colossale, de véritables vampires.

Il y a une quantité considérable de rats gris, gros comme des chats. La nuit ils viennent par bandes, roder autour des habitations et mettent tout au pillage.

La plaine est aussi remplie de petits serpents dans le genre de la vipère de nos pays; on y voit également beaucoup de couleuvres.

Il y a à Madagascar une quantité extraordinaire de mouches. On en voit partout et on a mille peines à se reposer dans la journée, car ces insectes viennent continuellement vous taquiner le visage.

Indépendamment des mouches grises, qui sont en tous points semblables à celles de nos pays, il en est une espèce qui est très curieuse ; c'est la mouche à feu. Dans la nuit, vous voyez à chaque instant l'air rempli de lueurs vertes qui s'éteignent, pour s'allumer, s'éteindre encore et se rallumer plus loin. Ces lueurs sont produites par des mouches à feu, insectes nocturnes qui brillent dans les ténèbres comme de riches diamants !

Je m'arrête après cette description succincte, car, si j'énumérais tout, ce dont je ne suis point capable, je n'en finirais pas.

On va peut-être me dire que je mets à jour tous les avantages de cette grande terre, sans parler de ses désavantages.

Madagascar, il est vrai, a une bien mauvaise réputation de salubrité, mais je crois que la chose est aussi bien exagérée. Les côtes sont excessivement malsaines à cause des nombreux marais qu'elles renferment. En maints endroits l'eau de la mer est venue se mélanger à l'eau douce et a formé de grands marais entourés de palétuviers et de vaquas, etc., dont les feuilles tombent et forment avec le temps une vase épaisse. Il résulte du mélange de ces eaux douces avec ces eaux salées, ainsi que du contact de ces feuilles mortes, qu'il se dégage de ces marais des miasmes, ce qui engendre les fièvres paludéennes.

L'étranger est aussi sujet à la dysenterie dans les premiers temps de son séjour dans l'île. Cela provient uniquement du changement de climat, d'habitudes, de nourriture et on ne saurait imputer à Madagascar ce genre de maladie que l'on attrappe également dans le midi et dans l'ouest de la France. Nous n'avons donc à redouter que l'anémie, les insolations et la fièvre qui causent malheureusement beaucoup trop de victimes, mais qui n'existent que sur les côtes où nous ne devrions avoir à faire que pour expédier les produits.

L'intérieur de Madagascar est sain. Le climat est, à peu de chose près, celui de France, le pays est plein de montagnes élevées où on respire un air frais.

Voilà les avantages et les désavantages de la grande île africaine. Qu'on établisse la balance et qu'on prononce la sentence : Occuperons-nous Madagascar, ou ne l'occuperons-nous pas ?

Dans le premier cas, qu'on envoie des troupes en nombre suffisant pour mener à

TYPES MADÉCASSES

Femme indigène de la côte. — Bourgeane porteur de bois — Soldat hova. — Femme Betsileo.

bien l'expédition et promptement. Dans le cas contraire, abandonnons tout et supprimons les frais, mais de grâce, ne laissons pas nos malheureux soldats périr comme des mouches sur des côtes sablonneuses et malsaines, car ce que nous occupons en ce moment ne produit rien ou à peu près. Le *statu quo* a assez longtemps duré. Il faut, une bonne fois, se montrer énergique, mais ne pas traîner les choses en longueur comme elles traînent en ce moment. C'est dérisoire ! les autres puissances se moquent de nous et nous nous obstinons à rester dans l'inaction.

Les droits de la France sont trop légitimement établis sur Madagascar et nous ne pouvons abandonner cette terre, qui nous a déjà coûté si cher, sans salir l'honneur du drapeau tricolore. Il n'y a donc qu'une seule manière de sortir du dilemne, c'est par une marche en avant, énergique, savamment dirigée.

Nous avons à faire à forte partie, car, depuis deux ans passés, nos ennemis, habilement dressés par des Européens sans vergogne, se sont aguerris, et, de simples sauvages qu'ils étaient, sont devenus des soldats. Néanmoins, leur éducation, tout active qu'elle ait été, n'est pas complète et le moindre choc meurtrier qu'ils recevront les éparpillera comme un troupeau de moutons à l'approche du loup. Les Hovas n'ont pas encore assez de discipline, de cohésion intime dans toutes les fractions de leur armée pour supporter le poids d'une défaite. De même que ce n'est pas l'habit qui fait le moine, de même, ce n'est pas le fusil qui fait le bon soldat. C'est le calme, le sang-froid qu'il montre sur le champ de bataille ; c'est ce que possèdent nos soldats, c'est ce que n'ont pas les Hovas.

Soyons victorieux à la prochaine rencontre et nos ennemis seront démoralisés.

Novembre 1885.

LA DÉTENTE

Depuis trois mois environ, les Hovas nous envoient des parlementaires. Une lettre de la reine a, paraît-il, été adressée en France. Deux de nos officiers ont été détachés en parlementaires.

Ils ont été reçus par le gouverneur de Farafate, à environ quinze cents mètres de cette ville. Ce fonctionnaire s'est excusé de ne pouvoir recevoir MM. les Français chez lui; ils arrivaient le jour d'une grande fête religieuse de la tribu hova; on tuait beaucoup d'animaux et il ne voulait pas donner aux parlementaires le spectacle d'une boucherie.

On a donc conféré en plein vent.

Des soldats ont apporté aux gendarmes qui composaient l'escorte, deux bouteilles de bière anglaise, ainsi que de la viande, offertes par la reine Ranavalo.

Les gendarmes, qui s'étaient munis de provisions de bouche avant de quitter Tamatave, firent un repas sur l'herbe. Ils tirèrent un poulet de leurs fontes, le mangèrent et en jetèrent les débris au loin.

Plusieurs soldats hovas, qui se trouvaient dans le voisinage, se précipitèrent sur ces restes avec une avidité sans pareille. Ceci confirme ce que j'ai entendu dire maintes fois : les Hovas sont mal nourris ; on ne leur donne que du riz et de l'eau.

Deux heures et demie après leur départ, nos parlementaires étaient de retour. Que s'est-il passé ? Le silence le plus absolu est observé.

Je crois tout simplement que ces envois de parlementaires, de lettres, ne sont tout bonnement qu'une ruse. Nos ennemis font cela pour nous endormir et, pendant ce temps, ils se fortifient.

Voilà où en sont les choses. Depuis deux mois le canon ne fait plus entendre sa voix majestueuse et terrible, depuis deux mois MM. Emmanuel et Edouard, officiers hovas sont venus quatre fois en parlementaires, rien n'a été changé dans le service, et nous sommes sur le qui vive. Nous traversons la plus mauvaise saison, et la fièvre fait des trouées impitoyables dans nos rangs. On enterre cinq ou six hommes chaque jour, ce qui est extrêmement grave, vu le petit nombre du corps d'occupation.

*
* *

Il paraît qu'un traité de commerce et de paix a été signé, le 15 décembre, entre le contre-amiral Miot et un ministre hova, au lieu dit « sous les manguiers », à six cents mètres du fort de Tamatave.

Le ministre hova est allé ensuite à bord de la « Naïade » ou vaisseau amiral. Le soir, une double distribution de vin a été faite aux troupes.

La veille, à la suite de nombreux envois de parlementaires, la *Naïade* ouvrit les préliminaires de paix par une salve de coups de canon, annonçant l'arrivée des délégués.

Un peloton de gendarmerie à cheval partit de Tamatave et se porta à la rencontre du ministre plénipotentiaire hova qu'il trouva dans la plaine, à quatre kilomètres.

Le ministre, qui n'est autre que M. Vouilhougby, ancien colonel dans l'armée anglaise, avait un costume analogue à ceux des généraux anglais; il était porté en talika par quatre soldats hovas sans armes et était accompagné du fils du premier ministre, Mariello, qui portait une écharpe blanche parsemée d'une infinité de broderies d'or. Cinq officiers hovas formaient l'escorte.

Les gendarmes se rangèrent en bataille pour laisser passer la légation, l'officier qui commandait le peloton salua du sabre et l'on se mit en marche sur Tamatave.

Une compagnie d'infanterie de marine, en tenue de campagne, avait été commandée de piquet.

L'amiral Miot, et M. Patrimonio, notre ministre plénipotentiaire, reçurent les délégués « sous les manguiers », dans un pavillon construit pour la circonstance.

Après quelques minutes de conférence, on conduisit les officiers hovas. les yeux bandés sur la plage, ils prirent place dans le canot de l'Amiral et se rendirent à bord de la *Naïade* où ils restèrent jusqu'au surlendemain, puis ils retournèrent à Farafate.

Le drapeau blanc fut arboré au fort de Tamatave et le fort de Farafate arbora de son côté, deux autres drapeaux blancs, grands comme des draps de lit.

Depuis ce jour, les choses n'ont pas changé, le service de la troupe est le même, on attend la ratification du traité par le gouvernement français.

.·.

Depuis l'arrivée de l'aventurier Wouilhougby, deux versions se sont ébruitées à Tamatave.

D'une part, on dit que les Hovas, fatigués de la guerre, nous cèdent toute la partie nord de l'île, comprise entre Tamatave et Majunga; qu'ils acceptent le protectorat français pour dix ans, nous permettant d'établir garnison à Tananarive, dans toutes les villes que nous occupons et sur tous les points que nous voudrons, mais ils ne donneraient aucune indemnité d'argent.

D'autre part, on raconte que la reine demande l'évacuation de Tamatave et de Majunga. Nous aurions la jouissance du territoire compris entre ces deux villes, et la reine accepterait la haute protection de la France, en conservant le titre de reine de Madagascar. De plus, une indemnité serait payée au Gouvernement français et nous occuperions Tamatave et Majunga jusqu'au paiement complet de l'indemnité, dix millions de francs.

Laquelle de ces deux versions est vraie ? C'est ce que nous apprendra le prochain courrier. En tout cas, je crois que le gouvernement aurait tort d'abandonner Tamatave qui est le meilleur port de l'île et le plus commode pour les débouchés, tant par la grandeur de sa rade que par son voisinage de la Réunion.

Il y a en ce moment à bord de la *Corrèze*, vaisseau hôpital, un colonel hova qui est venu se constituer prisonnier. Parti de Tananarive, il s'est rendu à Vohémar, où il a pu s'embarquer et échapper aux poursuites dont il était l'objet. Les affaires vont si bien dans le gouvernement hova, que cet officier supérieur, réduit aux abois, quant à la question pécuniaire, est contraint de fuir.

Un soldat du 3e bataillon de fusiliers disciplinaires s'était évadé le jour de l'arrivée de la légation hova, nos ennemis sachant que leur colonel se trouvait en rade de Tamatave, ramenèrent le lendemain même de son évasion, le fusilier disciplinaire, s'imaginant que nous allions leur rendre la réciproque en leur livrant leur colonel. Ils ont été déçus dans leur espoir.

Décembre 1885.

LES CYCLONES

La famine chez nos ennemis. — Les prix baissent. — La saison des pluies. Les cyclones.

La situation est des plus critique pour nos ennemis.

Depuis deux ans que le peuple madécasse est sous les armes, la culture des terres a été délaissée, en sorte que les provisions se sont épuisées et que les magasins sont vides.

Les habitants de la grande île en sont réduits à manger de la paille de riz hachée, le peuple murmure et des dissensions intestines sont sur le point d'éclater.

D'autre part, le bombardement incessant des côtes par nos navires, le blocus, l'occupation de tous les ports, les pertes considérables des Hovas aux différents combats et dans maintes escarmouches ont donné à réfléchir à nos ennemis.

L'ancien colonel anglais, Wouilhougby, général en chef des troupes madécasses, qui avait promis de nous anéantir et qui, jusqu'ici n'a fait que remporter veste sur veste,

8

perdant de son prestige et craignant sans doute pour sa tête, a, paraît-il, fortement appuyé sur la chanterelle pour amener la reine à demander la paix. C'est pour cette raison qu'il aurait été nommé ministre plénipotentiaire.

Les Hovas sont donc réduits à l'impuissance et ils demandent grâce. Seront-ils sincères ?

On voit que l'idée émise par la Chambre, et fortement combattue, d'envoyer une flotte nombreuse et d'établir un grand blocus autour de Madagascar, a pleinement réussi.

Nos ennemis, sur le qui-vive depuis deux années, continuellement occupés à établir des retranchements et à s'exercer au maniement des armes, ont complètement négligé les semailles, en sorte qu'ils se trouvent pris au dépourvu et forcés de demander merci.

.   .   .

Le 9 janvier, la légation hova est revenue à Tamatave ; elle a été reçue « sous les manguiers » avec les mêmes honneurs que la première fois. Elle s'est ensuite rendue à bord de la « Naïade ». La paix est signée ; quelques négociants de l'intérieur sont venus, ces jours derniers, faire des acquisitions à Tamatave.

Le 13 courant, le contre-amiral Miot, le ministre plénipotentiaire et plusieurs autres officiers de la flotte et de l'infanterie de marine, se sont rendus à Farafate où ils ont eu une belle réception. Le fort de Farafate et la flotte de Tamatave ont tiré le canon. La légation française était de retour le lendemain soir.

Le service de garde est diminué, les deux compagnies de volontaires de la Réunion ont été renvoyées dans leurs foyers.

On ignore toujours, dans le domaine public, quelles sont les clauses exactes du traité.

Depuis quelques jours, les Hovas viennent apporter des présents aux autorités françaises : des fruits, des liqueurs et des œufs.

Depuis quelques jours aussi le prix des denrées a diminué considérablement, et maintenant il est possible de vivre à peu de frais. Voici quelques prix courants :

Un poulet.	0 fr. 50
Une oie.	1 25
Un canard	0 75
Deux œufs	0 05
Le kilogramme d'anguilles .	0 25
Une canne à sucre de 1 m. 50.	0 05
Cinquante bananes.	0 25

Tous les jours, dès l'aube, les Hovas viennent en bande « sous les manguiers » et apportent de grandes quantités de poulets, canards, oies, œufs, riz, poissons et fruits de toutes sortes, ainsi que des tissus de joncs finement tressés qui se vendent à très bas prix.

Les transactions paraissent donc définitivement ouvertes et les habitants de Tamatave peuvent se dédommager grandement des dures et longues privations qu'ils avaient dû s'imposer pendant le siége.

Puisse le présent état de choses durer longtemps et procurer à nos colons les moyens de s'établir en toute sécurité sur la grande terre où leur travail et leur patience leur ouvrira un vaste champ d'exploitation.

Le contre-amiral Miot est arrivé à Tamatave le 11 février de retour de son voyage à Tananarive ; il paraît fatigué, mais satisfait des négociations.

On ignore encore la date de l'évacuation de Tamatave. Il paraît qu'elle n'aura lieu que le jour du paiement de l'indemnité de 10,000,000 de francs par les Hovas.

.˙.

L'état sanitaire des troupes n'est pas des plus satisfaisants. Il y a de nombreux cas de fièvre et d'accès pernicieux ; il est vrai que nous sommes dans la plus mauvaise saison de l'année.

Depuis décembre les pluies sont à peu près quotidiennes, orageuses et torrentielles, accompagnées d'un abaissement de température qui expose aux refroidissements ; elles continueront jusqu'en avril.

L'humidité est considérable et assez fréquemment les cyclones se font sentir ; ils sont toujours terribles sur ces côtes, et les débris de l'*Oise* et de l'*Argo*, deux bâtiments qui sont venus se briser à la côte en 1885, nous en donnent un exemple convaincant. Je rapporte le récit d'un témoin oculaire :

Un cyclone épouvantable sévissait sur la côte orientale et sur une grande partie de la région avoisinante, les 25 et 26 février.

Le centre des cyclones était l'île Sainte-Marie, colonie française que l'on trouvera sur la carte, un peu au nord de Tamatave. Là, les arbres ont été littéralement arrachés, un grand nombre de maisons renversées.

C'est le 24 que le vent a commencé à souffler avec violence, le baromètre descendant rapidement et la mer grossissant de façon à faire prévoir l'approche d'un cyclone. Le 25, à trois heures du matin, le baromètre était à 751 millimètres. Les trois navires qui étaient en petite rade de Tamatave : le transport de l'Etat l'*Oise*, le voilier français la *Clémence*, le steamer l'*Argo* chassaient sur leurs ancres et se rapprochaient graduellement de la côte. Leur naufrage n'était qu'une affaire de temps. A quatre heures, la tempête redouble, la *Clémence* est emportée à la côte, brisée et balayée sur les roches en quelques minutes, mais l'équipage parvient à se sauver.

L'*Argo* s'échoue à son tour. Son second va devant pour porter un va-et-vient, mais, victime de son courage, blessé contre le navire, il disparaît dans les flots.

Au jour, le spectacle est terrible. Les navires en grande rade, avec leurs feux allumés, luttent contre la tempête. L'*Oise*, avec son pavillon en berne, est à 150 mètres de la côte, chassant lentement, entraînant les trois ancres et ne pouvant utiliser sa machine, qui l'eût sauvée, et qui était en réparation.

A neuf heures et demie, l'arrière est dans les brisants. A dix heures, il talonne sur le fond de sable, son gouvernail est démonté, des lames monstrueuses le balayent de bout en bout. On cherche de terre à organiser des secours, mais on est impuissant ; on n'a pas de matériel de sauvetage. A onze heures, les trois chaînes qui tenaient encore le bâtiment cassent, le navire touche en travers, présentant sa muraille de bâbord à une mer démontée. Les mâts s'effrondent. Les malheureux se cramponnent à tout ce qu'ils trouvent afin de ne pas être entraînés par les lames furieuses sous lesquelles le navire disparaît à chaque instant. Un craquement sinistre se fait entendre, l'*Oise* est brisée en deux à la hauteur de la passerelle ; l'avant disparaît.

Tout l'équipage est sur la dunette, les matelots nus, prêts à se jeter à l'eau.

Malgré les ordres de leur commandant, une vingtaine d'hommes se jettent à la mer, et, grâce au dévouement de tous, officiers, soldats et matelots, qui, de terre, assistent à cette scène émouvante, la plupart d'entre eux sont sauvés, mais quatre marins et le médecin du bord, M. Pezzo di Borgo, disparaissent.

A une heure de l'après-midi, le baromètre est à 748. C'est le passage du centre de l'ouragan ; la tempête souffle alors dans toute sa violence. Ce qui reste de l'équipage de l'*Oise*, exténué de fatigue, s'est réfugié sur les débris de la dunette. Mais heureusement la mer baisse. Un Malgache de Sainte-Marie se dévoue et va porter à bord un bout de filin qui va servir de va-et-vient. Le sauvetage peut commencer.

Les hommes quittent l'épave l'un après l'autre, disparaissant sous les lames furieuses, se cramponnant à la corde, et plus d'un aurait été perdu sans le dévouement et le courage de cinq Malgaches de Sainte-Marie.

A cinq heures du soir, une vingtaine d'hommes étaient sauvés. Restaient les officiers et les blessés. Les Malgaches ramènent ceux-ci l'un après l'autre, puis le second de l'*Oise*, l'enseigne de vaisseau Barthes quitte le bord. Depuis le matin, son frère, aspirant de première classe au bataillon de marins-fusiliers, était sur la plage, assistant à ce drame et

TAMATAVE. — VUE DE LA VILLE, COTÉ SUD

Dessin de Raymond Deshays, d'après un croquis de l'auteur.

impuissant à porter secours. M. Barthes arrive sur la plage ; l'émotion est poignante : les deux frères tombent dans les bras l'un de l'autre.

A six heures et quart, le commandant de l'*Oise*, M. le lieutenant de vaisseau Thierry, est encore à bord. La nuit se fait, les Malgaches se dévouent une fois de plus et ramènent sain et sauf ce brave officier.

Onze hommes avaient péri dans ce naufrage. Le 26, on recueillait le corps de M. Pozzo di Borgo ; le 27, huit cadavres, et le 28, un dernier corps.

La division navale, mouillée par bon fond en grande rade, n'a pas été en danger. Tout s'est borné à quelques pertes matérielles, mais sans accident de personne.

Un trois-mâts américain a fait côte à peu de distance de Tamatave, au nord de la pointe de Tanio, et a perdu un homme.

Février 1886.

LA PAIX

Les Colons en sont-ils contents? — Les émigrants. — Un bazar hova.
La monnaie madécasse.

Les préliminaires de paix ont été arrêtés entre les représentants de la France et les ministres hovas. Le traité, longuement discuté, enfin obtenu paraît donner satisfaction aux deux gouvernements.

Nous obtenons une sorte de protectorat de l'île entière, un résident à Tananarive, la propriété de la splendide baie de Diego-Suarez, à l'extrémité septentrionale de l'île, avec le territoire environnant, une indemnité de dix millions pour les victimes de la guerre, la possession de Tamatave jusqu'à parfait paiement, enfin un traitement spécial, un régime de faveur pour nos protégés de la côte nord-ouest.

La paix est rétablie. Elle a été signée le 11 janvier et annoncée aux troupes et aux habitants de Tamatave, par une salve de onze coups de canon, tirée par le vaisseau amiral.

Voilà donc la question de Madagascar terminée.

Nous possédons en toute propriété le nord de l'île, de Vohémar à Majunga, c'est-à-dire une zone de cinq cents kilomètres de longueur sur cent de largeur ou à peu près, soit cinq millions d'hectares.

Il y a là des mines de charbon et trois ou quatre ports naturels de premier ordre : Majunga, Bavatou-Bé, Passondava et Diégo-Suarez. C'est tout ce qu'il faut pour la marine. Nous sommes maîtres par Majunga de la grande voie qui conduit à l'intérieur et nous avons assez de terres pour occuper l'activité des personnes sérieuses qui viendront se hasarder sur cette colonie nouvelle.

Enfin toute l'île étant mise sous la « haute protection », de la France, nous sommes protégés contre l'immixtion future et déjà commencée des puissances étrangères et nos nationaux seront assurés d'une situation privilégiée ou, tout au moins, d'une entière liberté dans tout ce qu'ils voudront entreprendre.

C'est d'eux, et d'eux seuls, que dépendra désormais la conquête effective de la grande île. S'ils sont adroits et actifs, Madagascar est à nous, mais s'ils ont la moindre défaillance, ils feront le jeu de nos ennemis, c'est-à-dire qu'ils retireront les marrons du feu pour les Anglais, les Hollandais et les Prussiens ; il ne nous restera que le souvenir de nous être brûlé les doigts.

Il faut que nos colons viennent en plus grand nombre que les étrangers ; il faut qu'ils acquièrent, par leur travail et leur intelligence, des situations supérieures, il faut qu'ils dominent par leur fortune, leur activité, leurs entreprises, et alors, peu à peu, l'île deviendra nôtre.

Si, au contraire, ils restent au-dessous de cette tâche et ne réussissent même pas à coloniser la partie qui nous appartient, on épargnera tout au moins les fabuleuses dépenses d'occupation et d'organisation qu'il aurait fallu faire dans l'hypothèse d'une conquête entière.

Il faut bien se pénétrer de ceci, qu'on ne colonise pas un pays neuf sans beaucoup de travail et d'argent, d'argent surtout, puisque dans notre siècle ce métal est le souverain maître de toute chose.

Il ne faut pas se faire illusion et comprendre que, malgré les avantages de toutes sortes que nous offre l'île, il faut pouvoir lutter contre la concurrence étrangère et par conséquent disposer de grands capitaux.

Qu'on lise l'histoire des colonies et l'on verra que le sol, pour devenir fertile, doit être arrosé du sang des premiers occupants.

Que des sociétés se forment, apportent de gros capitaux, appuyées de solides appuis et alors nous serons les maîtres.

.*.

Les vieux colons qui habitent actuellement Tamatave ne voient pas le traité d'un trop bon œil. Il ne leur inspire qu'une confiance médiocre.

Il est certain qu'on ne peut rien attendre de bon des Hovas. Jamais on n'a vu hommes plus faux, plus fourbes, plus hypocrites. Ils renient leurs promesses sans la moindre vergogne, ne croient à rien ni à personne et pensent, si vous les obligez, que vous avez besoin d'eux.

Que voulez-vous attendre d'aussi piètres sujets !

.*.

Le courrier du 5 mars a amené cent-huit personnes venant de Maurice. Ce sont pour la plupart des Anglais, des Grecs et des Malabars, qui viennent s'établir ici.

Le marché hova s'agrandit de jour en jour. On y vend de tout à de très bonnes conditions. Il y a des choses très curieuses, principalement des sortes de mandolines fabriquées avec des bambous et qui ont un très joli son.

La semaine dernière, j'ai fait venir trois Hovas dans ma chambre et leur ai fait jouer de cet instrument. L'un pinçait les cordes et en tirait des sons harmonieux, un autre exécutait des pas de danse fantastiques, tandis que le troisième, marquant la cadence avec ses mains, chantait un chant bizarre qu'il improvisait. Il me remerciait de lui avoir donné un verre de rhum.

En ce moment, on organise avec les hommes bien portants, six compagnies d'infanterie de marine dont deux resteront à Tamatave. Le reste des troupes sera prochainement renvoyé en France. L'effectif de chaque compagnie sera de cent hommes, commandés par un capitaine, un lieutenant et un sous-lieutenant.

.*.

Le marché hova, auquel on donne la dénomination de « bazar », se tient au lieu dit « sous les manguiers », à quelques centaines de mètres du fort de Tamatave.

Il se divise en deux parties : la boucherie qui est située près de la plage, et le bazar proprement dit, sous les manguiers.

La boucherie est des plus pittoresques.

Au milieu des brousses, dans une sorte de clairière, sont disposées sur le sol plusieurs nattes de joncs sur lesquelles sont déposés les morceaux de viande. Le bœuf, le porc y sont en grandes quantités et à des prix très bas; le mouton est beaucoup plus rare; on ne connaît pour ainsi dire pas le veau.

Voulez-vous un quartier de viande? Vous n'avez que l'embarras du choix. Sur votre demande, les bouchers, au moyen de longs couteaux et de petites hachettes peu élégantes, — ils ne connaissent pas l'usage de la scie à main, — vous découpent un morceau que vous payez à l'*encan*, c'est-à-dire aux enchères : il n'y a pas de prix fixe. Ainsi j'ai acheté une cuisse de bœuf de vingt kilogrammes pour trois francs ; le foie de cet animal se vend en bloc un franc.

Inutile de dire que cette viande est très fraîche et relativement tendre. Il n'en est pas de même des moutons, qui outre leur rareté sont coriaces et chers. Ils sont anémiques, rachitiques, étiques, tout ce que vous voudrez.

Si les élégantes ménagères qui fréquentent journellement nos marchés d'Europe, venaient par hasard à Tamatave, elles feraient de bonnes acquisitions.

Le bazar proprement dit offre un contraste frappant.

Ce sont d'abord les marchands de fruits : bananes, citrons, oranges, goyaves, ananas, caroubes, mangues, pamplemousses, papaïes, avocats, etc.; puis les marchands de racines et de plantes : feuilles de bananiers, de lataniers, palmiers, vanille, canelle, choux-palmistes, manioc, riz, café, etc., etc.; les marchands de poisson : ici vous avez un choix considérable des habitants des eaux salées et des eaux douces. De gigantesques anguilles à des prix fabuleux de bon marché, et une infinité de poissons variés et excellents au goût.

Viennent ensuite les marchands vanniers, qui vendent de très élégantes nattes de jonc et de la rabanne, espèce d'étoffe très répandue, tissée avec le rofia effilé; il y en a de très fines et peu chères. Les habitants s'en font des costumes; il y a encore des sortes de paniers fabriqués avec des branches de saules et des joncs; puis ce sont les marchands de volaille. Pour une piastre (cinq francs), vous achetez dix poulets; on vous fournit même *gratis pro Deo*, un panier. On voit que le peuple hova est très ingénieux, quoique en France on veuille le faire passer pour un peuple sauvage.

En revanche les œufs sont excessivement chers, on les paie deux, trois et même quatre sous pièce. Une oie magnifique se vend deux francs, une dinde un franc cinquante, un canard cinquante à soixante centimes, etc.

Les marchands de bimbeloterie, vous présentent des cuillers à salade en bois de rose et en corne, les marchands de musique des roseaux dont l'enveloppe est coupée longitudinalement en lamelles fines et servent de cordes. Cela remplace parfaitement bien la corde de boyaux. Il y a une sorte de harpe composée d'un long bambou recourbé à l'une de ses extrémités; deux cordes sont tendues du sommet à la base; on en tire des sons harmonieux. Les gourdes sont aussi employées par les virtuoses hovas, qui en font des instruments bizarres dont ils tirent d'excellentes vibrations.

9

On voit encore les marchands de cannes, de bois de toutes sortes, etc.

Pour cinquante centimes, un franc, un franc cinquante, on peut avoir une canne très jolie, en bois de rose, de fer ou d'ébène, plus ou moins bien artistement travaillée, mais qui, en Europe, aurait une certaine valeur, par l'essence seule de son bois, car on n'ignore pas que la grande île a été de tout temps renommée par la quantité et la qualité de ses bois.

La généralité des arbres qui poussent dans ses forêts sont d'essence supérieure et aptes à toute sorte d'usage. Pour les ouvrages précieux nous avons le petit *natte* qui rivalise avec l'acajou, le *takamaka*, dont la veine se rapproche beaucoup de celle du chêne, le *bois de rose*, l'*intry*, l'*ébène*, le *varongy*. Ce dernier arbre atteint des proportions colossales ; rien qu'avec son tronc les indigènes forment des pirogues de 15 à 20 mètres de long sur 1 mètre 80 de large. Il y a aussi les arbustes et les plantes à feuilles textiles tels que le *bananier*, l'*aloès*, le *vaqua* que l'on voit partout ainsi que le *rofia* et le *ravinala*. Avec ces deux derniers, les naturels peuvent se vêtir et se loger. Le rofia leur fournit la rabanne pour les vêtements et le ravinala leur donne tout ce qui est nécessaire pour les constructions.

Il y a encore les oiseleurs qui apportent des quantités d'oiseaux de toutes espèces : perdrix, cailles, perruches, martins, etc., etc. ; les marchands de vampires, de chats sauvages et de serpents. Eh oui ! on vend aussi des serpents, et ce matin j'ai vu un énorme boa qu'un naturel avait apporté dans un sac : je me suis bien gardé d'en faire l'acquisition.

On peut faire un choix considérable de lances et de sagaies emmanchées de bois de rose, de fer et d'ébène, ainsi que des boucliers en bois recouverts d'une peau de bufle. Ce sont les armes favorites des Hovas, mais cela ne les empêche pas d'avoir de bons fusils pour les jours de grande circonstance. Inutile de dire qu'ils se gardent bien d'apporter ce genre d'armes au bazar.

Je m'arrêterai dans cette longue énumération en vous disant que les Hovas vendent également des chaussures non moins élégantes que celles d'Europe, mais assurément moins solides.

En résumé rien n'est plus pittoresque que ce bazar pantagruélique où les acquisitions sont assez difficiles par suite de la diversité des langues. C'est l'histoire de la tour de Babel, moins la tour, bien entendu, puisqu'elle n'existe plus et que nous sommes loin de l'endroit où l'on peut en chercher les ruines. Il y a là des Français, des Anglais, des Grecs, des Malabars, des Malgaches, des Hovas, etc., c'est un charivari épouvantable au milieu duquel on se perd. Je ne parle pas du caractère des marchands, ayant déjà dépeint le peuple hova, Toutefois j'ajouterai ceci, c'est que je n'ai jamais vu sujets plus méfiants, plus fourbes, plus voleurs.

Il y a de par le marché une infinité d'individus qui vous demandent une piastre contre la même valeur en monnaie de billon. Si vous consentez a l'échange, le personnage empoche prestement votre pièce, après avoir jugé qu'elle est de bon aloi en la faisant sauter sur son pouce, puis il vous remet la monnaie en main et s'esquive en vous faisant mille salamalecs. Comptez votre argent, vous constaterez qu'il vous manquera deux ou trois sous.

La monnaie en cours est la piastre ou pièce de cinq francs qui se subdivise à l'infini. Les Malgaches, au moyen de grands couteaux, la coupent en plusieurs morceaux, environ vingt-cinq morceaux de toutes formes, mais généralement triangulaires, dont la valeur est d'environ quatre sous. Ces morceaux sont pesés avec de petites balances à la main. Une pesée n'est jamais faite sans une contre épreuve qui consiste à faire passer l'argent d'un plateau dans l'autre.

Mars 1886.

MADAGASCAR

Son commerce. — Son industrie. — La concurrence étrangère.

Entre les nombreuses et diverses tribus qui composent la grande île africaine, le commerce se réduit à bien peu de chose. En effet, chaque peuplade vit séparée de la tribu voisine et réussit à se suffire à elle-même.

Ceci ne lui est pas difficile, vu la fertilité du sol et ses nombreuses productions, vu aussi le peu de besoins des indigènes.

Dans les principaux villages se tiennent chaque jour de grands bazars (marchés).

Les traitants européens qui achètent pour l'exportation n'ont pas besoin d'aller dans ces marchés. Il leur suffit de faire savoir aux naturels qu'ils désirent acheter tel ou tel produit du pays, et aussitôt chaque petit propriétaire vient lui offrir un sac de riz, de la cire, du caoutchouc, une peau de bœuf, etc., etc. L'acheteur n'a qu'à mettre les produits en entrepôt et à les expédier à l'étranger quand bon lui semble.

Voilà le genre de commerce actuel de Madagascar. On voit qu'il y a besoin d'un

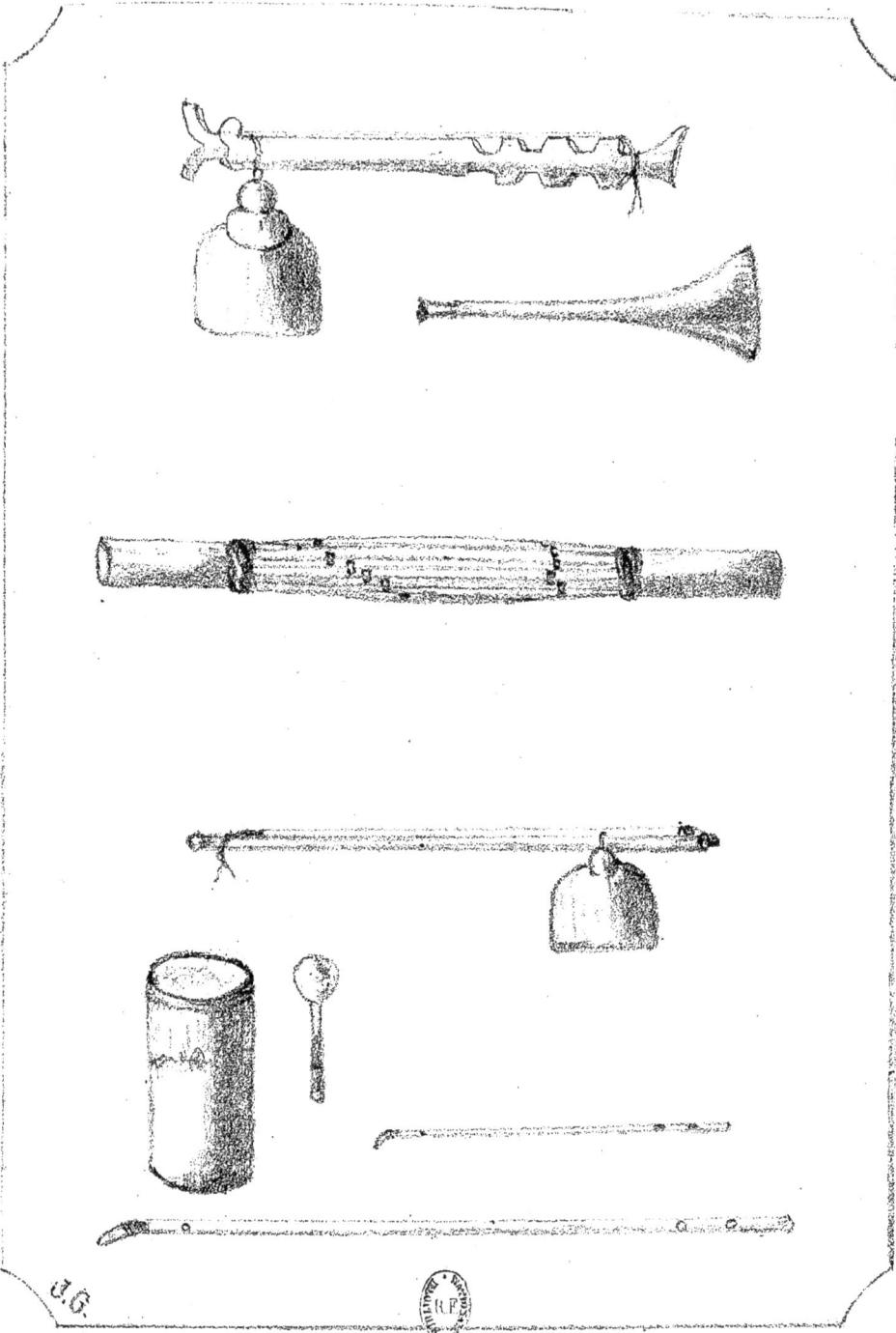

INSTRUMENTS DE MUSIQUE MADÉCASSES

stimulant européen. A nos colons d'agir et de faire de cette grande terre encore vierge, une seconde France commerçante et industrielle.

.·.

Une des principales industries du pays est la confection des tissus qui est encore à son aurore. Six pieux de 20 à 25 centimètres de haut, plantés en terre et disposés en rectangle servent à tendre les fils. Une navette passant d'un côté à l'autre, et une règle qui sert de peigne en même temps qu'elle est destinée à serrer le tissu, composent tout le métier. On comprend facilement qu'avec un système pareil on ne puisse fabriquer que de petites pièces d'étoffe de 50 à 60 centimètres de large et de 3 à 4 mètres de long.

Pour la teinture des tissus, les indigènes, les Malgaches principalement, trouvent les couleurs nécessaires dans la terre, dans l'écorce de certains arbres ou dans le suc de certaines plantes particulières à l'île.

L'*Andi-Hazo*, la soie du bois, appelé chez nous le coton, est également travaillé par bon nombre de naturels. Avant d'être apporté sur les marchés, il passe entre les mains de deux catégories d'ouvriers : les préparateurs, qui, par diverses opérations, lui enlèvent les matières grossières dont il est enveloppé à l'état de culture, et les tisserands qui en font de très beaux et très fins tissus.

On confectionne des lambas exclusivement en coton ou moitié soie, moitié coton, car les industriels filent également la soie.

La grande province de l'Imérina, capitale Emirne ou Tananarive, est renommée par ses lambas en soie aussi riches par la finesse du tissu que par la variété, la délicatesse et la distribution des couleurs.

J'ai vu sur le marché de Tamatave des lambas de 2 m. 60 de long sur 1 m. 20 de large se vendre de 350 à 400 francs.

Le hova pousse très loin le culte des morts et il se croirait damné à perpétuité si un de ses proches n'était revêtu d'un riche lamba avant d'être enterré. Le mort est enseveli avec tous ses bijoux, et revêtu, selon sa richesse, d'un ou plusieurs lambas. Dans la basse classe, il n'est point rare de voir la famille du défunt contracter des dettes pour satisfaire à cette règle.

La grande île possède encore d'importantes plantations de chanvre, principalement au pied des montagnes de l'Ankaratra.

La plante, une fois coupée, est plongée dans l'eau bouillante pour séparer la partie ligneuse qui est ensuite battue et lavée à grandes eaux. Cette opération terminée, on fait sécher et on file.

L'étoffe de chanvre est employée par les pauvres. Quelques tribus fument les feuilles du chanvre en guise de tabac ; c'est un poison lent qui les abrutit à la longue.

Les marais de Madagascar sont remplis de joncs souples et très fins appelés *zozoro*. Les hovas en confectionnent des chapeaux qui ressemblent fort aux « panamas », ainsi que des corbeilles et principalement des nattes qui servent de planchers et de lits aux Malgaches. C'est sur la côte des Betsimsarakas que l'on trouve les plus jolies nattes.

Parmi les divers tissus de l'île, il en est un qui mérite une description spéciale, c'est la rabanne, confectionnée avec les jeunes pousses de *rofia*.

Le rofia est un arbre dans le genre du palmier. Au moyen d'une lame très mince, destinée à cet usage, les diverses feuilles des jeunes pousses sont séparées entre elles, puis trempées dans l'eau, frappées et lavées à grandes eaux. Lorsqu'elles sont suffisamment molles, on les sépare de leurs scories.

Le rofia, ainsi préparé, est tordu par les fileuses qui le tordent sur leurs genoux, non sans endommager l'épiderme de la main et de la jambe, et en font un fil très solide qui donne la rabanne.

La rabanne sert à la confection des vêtements dans certaines tribus, ainsi qu'à celle des sacs pour le riz et les autres céréales.

L'industrie de la poterie n'offre rien d'extraordinaire ; elle se borne à la fabrication des objets indispensables, tels que cruches, urnes, et quelques assiettes non vernies.

La terre employée est excellente et donnerait certainement d'heureux résultats si la cuisson était bonne. Malheureusement, le potier se soucie fort peu de ce détail pour la renommée de son industrie, et il continue la fabrication laissée par ses pères sans chercher à apporter le moindre perfectionnement ; aussi, est-ce bien rare si un objet quelconque dure plus de huit à quinze jours.

⁎

L'industrie de la corne est assez pratiquée. L'indigène fait chauffer cette matière à petit feu, puis, dès qu'elle est suffisamment ramollie, il la découpe en lames dont l'épaisseur varie suivant l'objet qu'il veut fabriquer.

Chaque lame est encore chauffée séparément, puis placée dans un moule en bois où on l'étend de manière à lui faire prendre la forme du moule. C'est ainsi qu'ils fabriquent des assiettes, fourchettes, cuillers, verres, vases, tabatières, etc...., en corne transparente ou opaque.

⁎

Madagascar possède encore de très habiles orfèvres qui travaillent l'or et l'argent. Ils fabriquent des chaînes, des bracelets, des anneaux, etc., avec beaucoup de perfection.

Contrairement à la coutume européenne, le bijoutier fait abstraction complète de réclame ; il n'a ni affiche, ni étalage ; au contraire, son atelier est toujours situé dans un endroit retiré, parcequ'il a peur que l'exposition de ses œuvres ne lui suscite des ennemis et que la connaissance de ses mérites par ses chefs ne lui rapporte plus d'ennui que de bénéfices.

Maintenant, il ne faut pas croire que, pour sa fabrication, il puise dans les mines d'or ou d'argent, qui sont une des richesses naturelles de l'île, la matière première qu'il emploie est la pièce de 20 fr. européenne qu'il se procure comme il peut. L'or n'a pas cours à Madagascar et la monnaie est faite avec nos pièces de cinq francs coupées en petits triangles.

Je me suis laissé dire à plusieurs reprises que la reine Ranavalo avait défendu, sous peine de mort, à tout sujet de sa majesté, d'exploiter les mines d'or.

*
* *

L'installation d'une forge chez les Malgaches est des plus primitives et des plus rudimentaires.

Le soufflet se compose de deux troncs d'arbre creusés et placés l'un contre l'autre dans la position verticale.

Des tiges de bois, garnies de rondelles et de toile, que l'on fait mouvoir alternativement, produisent un jet d'air continu, qui s'échappant par deux petits bambous enfoncés dans le bas des troncs, et qui, se réunissant, vont aboutir à une grosse pierre percée d'un trou et placée devant le foyer, active un feu de charbon de bois.

L'enclume est un bloc de fer ou plus souvent une énorme pierre.

Une pince grossière et de petits marteaux mal conditionnés, permettent au forgeron malgache, dont le temps n'est pas compté, de frapper le fer à petits coups, des journées entières et d'arriver à des résultats assez satisfaisants :

Patience et longueur de temps
Font plus que force ni que rage.

*
* *

Ce que l'on peut affirmer sans crainte de démenti, c'est que cette terre est riche en minerai de fer, principalement dans la province de l'Imérina. On en voit des traces à peu près partout à l'état d'oxyde mêlé avec le sable et la terre. On le broie, puis on le lave et toutes les matières étrangères disparaissent. Des trous creusés dans le sol servent de hauts fourneaux.

On dispose une couche de fer, une couche de charbon et ainsi de suite, jusqu'à ce que le trou soit complètement rempli, on y met le feu, puis, lorsque la fusion paraît suffisante, on le bat et on lui donne telle ou telle forme, suivant qu'il est destiné à tel ou tel emploi.

On doit dire, à la vérité, que l'industrie du fer est encore bien primitive et que les forgerons du pays ont tout à apprendre ; leurs outils, du reste, sont des plus rudimentaires.

Je ne sais si les Hovas font le fer blanc, je n'ai pu me renseigner sûrement à ce sujet, mais je puis dire qu'ils le travaillent excessivement bien. Je les ai vus apporter aux marchés des cafetières, des assiettes, des casses et même des arrosoirs qui feraient honneur à nos ferblantiers d'Europe.

**

Passons aux produits chimiques, qui ne sont pas nombreux à ma connaissance. Il y a l'huile de ricin et l'huile de pieds de bœuf, ainsi que la potasse, que les naturels appellent le sel de bois. On la tire des cendres de joncs et de certains bois. Ces cendres sont détrempées dans de l'eau que l'on filtre. La potasse se cristallise.

J'ai vu plusieurs Malgaches et Sakalaves faire usage de la potasse en guise de sel pour assaisonner les aliments.

**

Je terminerai cette énumération par les moyens employés par les indigènes pour l'extraction de la pierre.

Madagascar possède de belles roches basaltiques qui sont quelquefois exploitées. Pour extraire cette pierre, le Malgache étend sur la roche qu'il veut détacher une quantité de bouse de vache d'autant plus grande que la lame qu'il veut avoir est plus épaisse ; il y met le feu et surveille nuit et jour, de manière que la chaleur soit uniformément égale sur toutes les parties du bloc à extraire, jusqu'à ce que, l'opération terminée, il obtienne une pierre de la dimension voulue.

**

Les cuirs de Madagascar sont très renommés, et, avant les hostilités, il s'en faisait une assez forte exportation qui reprendra sans aucun doute et deviendra plus grande encore.

Les peaux, avant d'être embarquées, subissent une préparation, afin de les conserver. On les imprègne de sel, puis on les fait sécher. On les plie et les met sous presse, afin qu'elles occupent le moins de place possible.

**

Voilà un faible aperçu du commerce et de l'industrie de Madagascar ; n'est-ce pas suffisant pour faire ressortir les immenses avantages que nous pourrions tirer de cette grande île, si, une bonne fois pour toutes, nous sortions de notre coupable inertie habituelle pour nous créer de sérieux débouchés.

N'avons-nous déjà pas trop laissé la blonde Albion mettre les pieds sur nos possessions ? faut-il encore abandonner à sa merci cette grande terre qui, par sa situation et ses produits, ferait une concurrence acharnée au trafic britannique dans les Indes ?

Commercialement parlant, on peut dire :

L'Angleterre, voilà l'ennemi !

L'Allemagne, voilà encore l'ennemi !

L'Angleterre, pays exportateur par excellence, par son exubérante production, constitue un véritable danger pour tous les peuples et pour nous en particulier, puisque son plus grand débouché se fait sur les marchés français.

L'Angleterre a quatre moyens d'action : la ruse, l'argent, la trahison, la force armée. A Madagascar, elle a déjà usé des trois premiers, par l'entremise de ses missionnaires ; nous avons empêché le quatrième en signant une sorte de traité que personne n'a compris et qui pourrait bien durer ce qu'ont duré les autres, ce que vivent les roses ; et puis ce fameux traité, puisque traité il y a, nous l'avons signé, il faut bien le dire, pour nous faire mieux mordre par l'Angleterre, puisque ce sont les Anglais qui s'établissent où nous aurions dû nous placer les premiers. Je suis persuadé d'une chose, c'est que de tous les colons qui se trouvent actuellement à Madagascar, la décomposition peut se faire ainsi :

Anglais . . . . 7/10.

Allemands . . . . 2/10.

Français . . . . 1/10.

D'un autre côté, l'Allemagne qui, depuis son succès militaire de 1870, a résolu de nous anéantir complètement, fait aussi les doux yeux à Madagascar. Ses navires sillonnent toutes les mers, celles des Indes en particulier. L'histoire des Carolines et des Comorres ne laisse aucun doute sur ses projets de colonisation et l'intention d'étendre les fils de sa toile noire sur nos possessions lointaines.

On le voit, l'ennemi est partout qui nous épie et profitera de nos moindres défaillances pour établir domicile où nous devrions depuis longtemps déjà régner en maîtres.

Mais tout n'est pas perdu, il est grand temps que nous sortions de notre torpeur et que nous marchions carrément de l'avant.

Que des sociétés se forment, — en toutes choses l'union fait la force, — on réussira à réunir de grands capitaux; nous renverserons sans difficulté les établissements étrangers, grâce à notre intelligence, notre activité, à notre caractère qui sait se faire apprécier partout et nous conserverons pour nous et pour la patrie le monopole du commerce que nous n'aurions jamais dû perdre.

Nous avons des colonies, soyons colonisateurs !

Mars 1886.

CHEZ LES MALGACHES

Une case malgache. — Un dîner malgache. — La musique. — La Séga.

Chez les Malgaches qui se respectent, la case comprend presque toujours deux pièces ; une cuisine et une chambre à coucher dont le plancher est fait de lattes de bois soudées au moyen de la terre glaise et recouvert d'une ou plusieurs nattes de joncs. Cette dernière pièce renferme peu de meubles. Une planche, fixée sur quatre piquets peu élevés et recouverte de nattes, sert de lit, lequel est garanti par le *lay*, moustiquaire en rabanne ; deux *londamby*, sièges bourrés de feuilles sèches, sans dossier et le *saronkeletsy*, malle de jonc qui renferme le linge, complètent le mobilier.

La cuisine est pourvue de différents ustensiles dont le principal, placé au milieu de la pièce, est le *salaza*, espèce de gril soutenu par des pierres et sur lequel on fait cuire la viande. Plus ce meuble est graisseux, plus son propriétaire jouit de la considération générale. Le salaza propre indique un homme pauvre et avare ; sale, il signifie qu'il est opulent et généreux, en raison des nombreux repas qu'il a offert.

Les autres ustensiles sont le *langana*, bambou qui sert à aller puiser de l'eau ; le *rinalyro*, marmite pour les bouillons ; l'*endroko*, grande cuillère en bois qui sert à retirer le riz de la marmite ; le *heletsy*, case où l'on place le riz ; le *écho*, mortier pour piler le riz avec ses *halo*, pilons ; le *latsero*, ustensile pour vanner le riz et le *fradambana*, petite natte servant de nappe.

Il faut ajouter à cela quelques jarres et assiettes creuses en bois, souvenir d'un voyage à Tananarive, ou dans une ville importante de la côte.

Rien n'est plus original qu'un repas indigène.

Pendant que la mère surveille la cuisson des aliments, l'une des filles dresse la table. Elle étend à terre le *fradambana* qu'elle couvre de *lambona*, feuilles de ravenala, lesquelles servent d'assiettes, puis elle coupe le côté droit de chacune de ces feuilles pour en faire des *stroko*, cuillères, et les dispose à la place de chaque convive, à l'entour de la nappe.

Les invités prennent place, assis à terre, les jambes croisées à la mode des tailleurs ; la mère apporte le riz qui est le mets privilégié des Malgaches et le dispose en forme de pyramide, place devant chaque convive des morceaux de viande, de poisson, de volailles ou de feuilles de brèdes et chacun attaque le riz fumant, en remplit son stroko dans lequel on lui verse ensuite le bouillon resté dans la marmite.

Quand je me rappelle mon premier repas dans une case malgache où je fus invité, j'admire encore l'appétit de mes hôtes, qui, en quelques minutes, engloutirent une vraie montagne de riz ; j'y avais contribué pour une bien faible part, laissant de côté les autres aliments et caressant une boîte de sardines que j'avais glissée dans ma poche contre toute éventualité.

Le malgache, qui est un beau parleur, cause peu pendant le repas qui, du reste, est très court ; il dure environ une demi-heure.

Au bout de ce temps, la nappe, la vaisselle et les cuillères végétales sont ramassées en un tour de mains et jetées dehors.

Ce système est excellent, et, de mémoire d'homme, jamais un convive n'a été accusé d'avoir mis les couverts dans sa poche.

La maîtresse de maison remet sur le feu la marmite dans le fond de laquelle l'*ampango* (croûte) du riz est resté attaché, la remplit d'eau chaude qu'elle sert dans d'autres

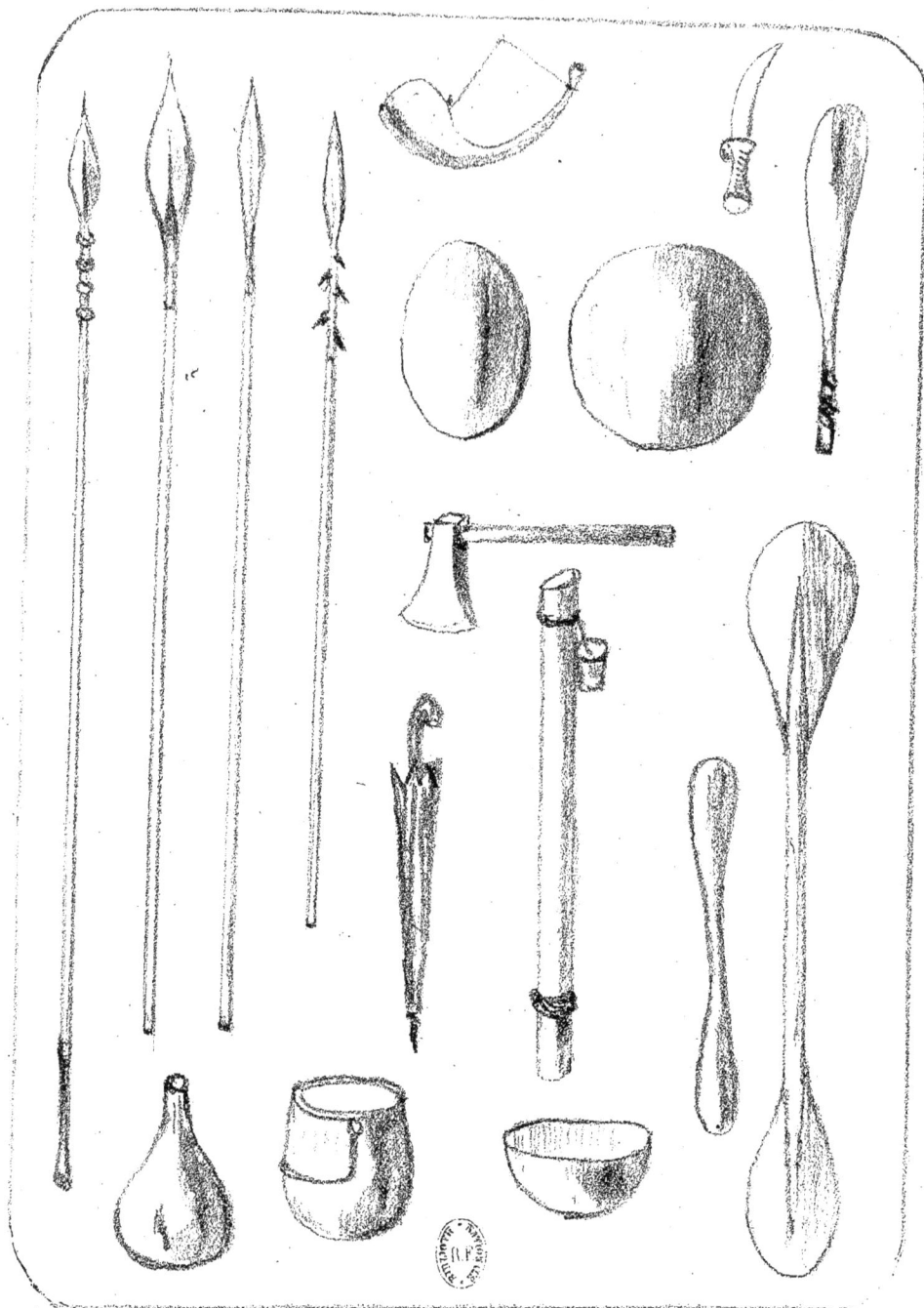

ARMES ET USTENSILES MADÉCASSES

Sagaies. — Trompe de guerre. — Couteau de combat. — Boucliers. — Massue. — Hache. — Parapluie. — Bambou-étui.
Pagaie. — Vase et Marmite. — Mortier et Pilon.

cuillères découpées à une des feuilles de l'arbre le plus proche de l'habitation. Cette boisson, *rano ampango*, dont le Malgache est friand, tient lieu de café et clôt le repas.

.·.

Les Malgaches sont presque tous danseurs et musiciens. La plupart des villages possèdent des orchestres composés de plusieurs instruments, tels que le *lobre*, l'*azonhalé*, l'*érakou*, le *maranvané*.

Le maranvané est une sorte de harpe en bambou dont les cordes sont faites de minces filets d'une écorce filandreuse.

Leur mélodie est grossière et leurs instruments de musique des plus élémentaires, ce sont pour la plupart des tambours creusés dans un tronc d'arbre et recouverts d'une peau de bœuf, et des violons monocordes faits avec des moitiés de calebasse.

Ils connaissent aussi la flûte et pratiquent l'accordéon. C'est avec facilité qu'ils jouent de nos instruments.

Radama avait une troupe de musiciens dont les instruments, copiés sur les nôtres, étaient en argent massif et avaient été fabriqués à Tananarive.

.·.

Le *séga*, ou la danse nationale des Hovas, est une danse dans laquelle les exécutants doivent faire preuve d'une grande légèreté et de beaucoup de souplesse, car elle est très voluptueuse, surtout lorsqu'elle est dansée par des jeunes filles.

Tout en réglant leurs mouvements sur la musique, les danseuses surexcitées suivent les caprices de leur imagination. Leurs corps vibrent littéralement des pieds à la tête, sous le jeu des muscles superficiels, tantôt immobiles, tantôt ils ondulent comme la brise du soir fait onduler les épis et cela avec beaucoup de grâce.

Avril 1886.

TAORNASINA

**Son commerce. — La maison du Grand-Juge. — La princesse Juliette.
La plage des crânes.**

Tamatave ou Taornasina en langue indigène, chef-lieu maritime du royaume madécasse, occupe une situation magnifique pour le commerce qui, du reste, y est propice et
florissant.

En dehors de l'exportation des bœufs qui est considérable, il faut citer le commerce
des cuirs, du caoutchouc, du riz, de l'orseille, de la cire, du copal, des suifs, des huiles de
squale, des graines oléagineuses, des volailles, des porcs, qui proviennent de l'intérieur et
sont dirigés sur Maurice et la Réunion ou directement en Europe ou en Amérique.

Les marchés se traitent ordinairement moitié en espèces sonnantes, c'est-à-dire
en pièces de cinq francs françaises qui ont seules cours dans cette contrée, et moitié en
échange de pacotilles consistant en coutellerie et outils divers, ustensiles en fer, en terre ou
en faïence, en toiles bleues de l'Inde, en cotonnades d'Europe ou d'Amérique et surtout en
barils de rhum.

Dans la principale rue de Tamatave, l'avenue n° 1, qui commence au fort et finit à la plage, on roule à toute heure du jour des barils de rhum qui sont dirigés vers la plage où on les aligne symétriquement par douzaines. Presque tous ces fûts sont munis d'une cannelle, ce qui occasionne des scènes d'ivrognerie révoltantes et des pugilats quotidiens, car les portefaix *(borizanes)* ne se gênent pas lorsque le surveillant détourne l'œil, pour faire fonctionner le robinet et prendre une *lampée*

A Tamatave, il y a peu de boutiques, à part celles des Malabars. Tout le commerce se fait, comme je l'ai déjà dit dans un article spécial, en plein vent, au *bazar* qui se compose d'échoppes et d'étalages, en planches, nombreux où sont exposés et *criés* tous les objets d'importation et les produits naturels tels que : étoffes de coton, de soie ou de palmier ; corbeilles en paille, nattes en joncs ; quartiers de bœuf desséchés au soleil, volaille ; riz, patates, manioc, ignames, noix de coco, melons, mangoustans, bananes, oranges, citrons, pamplemousses, petits paquets de cannelle, etc., etc.

. · .

C'est dans l'avenue n° 1 que se trouve la maison du Grand-Juge, la seule en somme qui mérite une visite. Elle s'élève au milieu d'un grand jardin, rempli de hautes fougères et ombragé par d'énormes manguiers. Construite en bois, montée sur pilotis, elle est couverte en chaume, possède un étage et plusieurs appartements. Elle est entourée de pieux équarris très hauts. Pendant la campagne de 1883-1886, elle servit de magasin d'habillement au corps expéditionnaire, au grand contentement de la nombreuse vermine qui y avait élu domicile et qui put, pendant de longs mois, fourrager tout à son aise dans le drap, la flanelle et le molleton, en dépit des kilogrammes de poivre que répandait le service de l'habillement.

Au commencement du siècle, Jean-René, roi de Tamatave, y avait établi sa résidence.

. · .

Sa fille Rémilodo, plus connue sous le nom de princesse Juliette, y élut également domicile. Très dévouée à la France, elle reçut une médaille d'or de Napoléon III, pour le courage et le dévouement dont elle fit preuve lors du terrible cyclone de 1857. En effet, aidée de ses serviteurs, elle sauva par son sang froid sept de nos navires qui allaient faire naufrage.

Cette femme, aussi bonne qu'elle était énergique, était aimée de tous les traitants, qui la tenaient en haute estime. Elle avait pour les Français une grande affection, et bien des fois en 1885, pendant les hostilités, elle montait dans son *filanzane*, panier rectangulaire en osier à l'usage des femmes et porté sur des brancards, et venait passer quelques heures à Tamatave.

Je ne suis plus jeune — disait-elle — je suis bien vieille, mais je me souviens du temps où j'aimais à rire et j'aimerai toujours les petits soldats français...

Tamatave a une plage de sable magnifique qui, pendant de longues années offrit aux voyageurs un spectacle terrifiant :

En effet, lors de la malheureuse expédition de 1831, nos pauvres soldats, après avoir bombardé et brûlé la ville, s'enfoncèrent imprudemment dans les marais et tombèrent sous la sagaie des malgaches qui leur coupèrent la tête, et fichèrent ces lugubres trophées au bout de piques qu'ils placèrent sur la plage, comme un souverain défi à la civilisation européenne.

Les crânes blanchis au soleil furent longtemps un objet d'horreur, et attendirent plusieurs années l'heure de la vengeance ; les mânes de ces premiers combattants doivent tressaillir de joie, maintenant que nos trois couleurs flottent souverainement sur cette terre où ils subirent stoïquement toutes les privations et toutes les douleurs.

Avril 1886.

SYSTÈME DE LOCOMOTION

Des moyens de transport. — Bourgeanes et fitacons.

La grande île africaine, comme tous les pays neufs, laisse beaucoup à désirer, quant à son système de locomotion. C'est peut-être l'endroit du monde où, dans cette occasion, la nature semble avoir refusé à l'homme son concours généreux.

A Madagascar, en effet, il n'y a point de chevaux, point de mulets, point d'ânes, ni d'autres animaux propres à l'attelage. En fait de bêtes de somme, cette terre n'est habitée que par des bœufs, vivant à l'état sauvage dans de grandes forêts, que la main de l'homme a toujours respectées.

Tout se porte à dos d'homme, et c'est sans doute à cette cause qu'est dû le manque, pour ainsi dire complet, de voies de communication.

11

Les *bourgeanes* — c'est ainsi qu'on appelle les porteurs de profession — sont solidement constitués et taillés pour la course, petits, bien découplés, la poitrine large, les jambes nerveuses, les épaules très développées, ils ne connaissent pas leur force et portent des fardeaux considérables. C'est ainsi que j'ai vu plusieurs de ces indigènes porter aisément deux et même trois sachées de riz. Ils apportent de Tananarive à Tamatave jusqu'à quatre peaux de bœuf sur leurs épaules.

Plusieurs d'entre eux ont sur les épaules un bourrelet de chair, quelquefois gros comme une orange, dont le développement est dû à leur métier.

Pour transporter les lourdes charges, ils se servent d'énormes bambous de deux ou trois mètres de longueur, dont les extrémités viennent s'appuyer sur les épaules des porteurs. Le fardeau est attaché au milieu du bambou et ils entreprennent ainsi des voyages de plusieurs jours.

Le bambou ne sert pas seulement à porter des fardeaux, mais il tient lieu de véritable garde-manger. A l'intérieur, qui est creux, on a placé une provision de riz, de fruits, des boissons, etc., on y met un parapluie, souvenir de Tamatave ou des autres villes de la côte. En sorte que les naturels madécasses, au contraire des Chinois qui nous montrent le bambou comme un instrument de supplice, nous font connaître cette plante sous un jour plus utile, puisqu'ils s'en servent comme de levier, garde-manger et fourreau de parapluie. On doit rendre cette justice aux peuples non civilisés, que, dans leur ignorance, ils simplifient joliment les choses.

A Madagascar, point de chemins de fer, point de voitures, ni aucun de ces systèmes de locomotion qui nous font traverser des espaces immenses en quelques heures. Vous avez à entreprendre un voyage quelconque, vous montez en *filacon* ou *talika* ou *filanzane*. Cet appareil se compose d'un siège mobile à dossier, fixé au milieu de deux brancards dont le parallélisme est maintenu au moyen de traverses en fer, que quatre indigènes portent sur leurs épaules. Vous faites ainsi et les porteurs prennent leur course.

Vous allez me dire que les voyages doivent être longs, car les hommes, qui font office de chevaux, doivent avoir souvent besoin de repos.

Point du tout! Pendant que les porteurs fournissent leur course, quatre autres indigènes, non chargés, courent devant. Quand les premiers sont fatigués, ils déposent simplement leurs brancards sur les épaules de leurs camarades et vont prendre la tête du cortège, ce qui leur permet de se reposer à leur tour. Il faut être bourgeane pour se reposer en marchant.

J'admets que cette manière de voyager est plus pénible que d'être assis sur les coussins moelleux d'un *Sleeping Car*, mais aussi, que de charmants paysages se déroulent à vos yeux, que vous pouvez contempler à loisir et même croquer, si vous êtes un tantinet dessinateur.

Les habitants de Madagascar ont rarement vu des chevaux. La présence de la gendarmerie coloniale, montée sur de bons chevaux de Sydney, pendant la dernière campagne, leur a causé une grande surprise et une grande frayeur.

Mai 1886.

AU PAYS DES CAIMANS

L'Yvondro. — Les Caïmans.

L'Yvondro est une superbe rivière, profonde et large, très poissonneuse, qui passe à deux lieues environ de Tamatave. Le voyageur qui a le courage de la descendre en pirogue est émerveillé par la beauté des paysages qui se présentent à ses yeux et lui permettent de se délasser d'une marche assez pénible, d'environ trois heures en *fitacon*, à travers une plaine immense et sablonneuse, coupée de nombreux marais et ombragée de distance en distance par des bois de citronniers aux fruits d'or, dont les fleurs embaument l'air, qui sépare Tamatave du grand village d'Yvondro, bâti sur les bords de la rivière, à une faible distance de son embouchure.

La descente de l'Yvondro, sur un bateau solide, serait des plus agréables, malheureusement les embarcations des indigènes, très primitives, creusées au moyen du feu dans des grands troncs d'arbres, en forme arrondie et effilée, offrent peu de sécurité. Un rien peut les faire chavirer, et il n'y a aucun attrait à prendre inopinément un bain au milieu des nombreux caïmans qui se prélassent dans la rivière.

M. Leguevel de Lacombe dépeint, d'une façon absolument sincère, la traversée de l'Yvondro, qui dure environ une heure :

UN VILLAGE MALGACHE

Bourgeanes attendant les voyageurs. — Marchands de poulets. — Marchand de charbon. — Porteur d'eau.

Dessin de Raymond Deshays, d'après des croquis de l'auteur.

« La rivière, dit-il, offre à l'œil des voyageurs toutes les merveilles d'une végétation puissante. Des bois gigantesques en suivent le cours et, enlacés aux flexibles rameaux, forment des bosquets aussi impénétrables aux rayons du soleil qu'à l'homme.

Leurs branches, qui souvent fléchissent sous le poids des fruits savoureux, venaient plonger dans les eaux en passant par dessus nos têtes, et nous cachaient la rive opposée. Des lianes indigènes, admirables par leur délicatesse, par les formes de leurs feuilles et les vives couleurs de leurs fleurs, s'étendaient d'arbre en arbre comme un vaste réseau de soie verte. Mais ces ombrages attrayants sont la retraite de terribles caïmans et de sangliers non moins redoutables.

Notre marche était lente, et souvent arrêtée par des troncs d'arbres que les ans ou la tempête avait abattus, et qui, couchés en travers sur l'eau et dans les endroits ou elle est peu profonde, retenaient une masse considérable de végétaux que le courant y accumulait sans cesse.

Les oiseaux, qui peuplent ces forêts, attiraient surtout mon attention. Tantôt j'admirais le plumage brillant du colibri, tantôt j'écoutais le chant mélancolique de la veuve et le caquetage des perruches noires qui se balançaient sur les branches les plus élevées des arbres voisins. Les perroquets noirs, les ramiers verts, le pigeon bleu ou hollandais, et une foule d'autres oiseaux annonçaient aussi leur présence, les premiers par un cri âpre et perçant, les autres par de doux roucoulements ou des sifflements prolongés. Les aigrettes seules restaient silencieuses et immobiles au bord de l'eau, et elles guettaient les petits poissons pour les harponner de leur long bec. Mon guide me fit remarquer aussi sur une feuille de sauge le *vourounsanaroun*, cet oiseau ami et protecteur des hommes qui leur annonce toujours la présence du caïman, et que tous les bons Malgaches vénèrent. »

* * *

Les caïmans de Madagascar atteignent des grosseurs prodigieuses et sont d'une voracité telle qu'on les a surnommés les requins des fleuves. Les Malgaches, inspirés sans doute par les terreurs, ont pour ces sauriens une vénération superstitieuse. Ils les redoutent, leur croient un pouvoir surnaturel, et, plutôt que de les attaquer, les invoquent dans leurs prières. « Brandir seulement une sagaie au-dessus de l'eau, dit le révérend Ellis, serait regardé comme un sacrilège, une insulte à ces souverains des ondes, insulte qui mettrait en péril la vie du coupable, la première fois qu'il s'aventurerait dans l'eau. »

Un jour, j'avais attaché un chien crevé à un harpon à trois branches fixé à un solide cordage que j'avais amarré à un tronc d'arbre qui surplombait la rivière, à un kilomètre environ d'Yvondro. Pendant la nuit un énorme caïman se précipita sur l'appât et y trouva la mort.

A l'aube, j'envoyai un jeune Malgache qui, après bien des réticences, s'avança avec mille précautions dans la direction du piège. De loin, dès qu'il aperçut le saurien pris dans l'engin, il revînt au village de toute la vitesse de ses jambes et m'expliqua que le monstre était mort, et que tous les malheurs allaient fondre sur Yvondro. Les habitants étaient consternés et n'osaient pas sortir de leurs cases.

Accompagné de quelques camarades, je me rendis sur les bords de la rivière, et nous vîmes le monstre, le harpon enfoncé dans la gueule, se débattant dans les derniers spasmes de l'agonie.

Les environs avaient été complètement balayés par la queue de l'animal, les plantes et les arbres, dont plusieurs avaient l'épaisseur du bras, avaient été coupés, brisés, déchirés, hâchés, la rive sur une longueur de six à sept mètres était labourée et creusée. Malgré notre désir de rapporter notre capture au village, nous crûmes plus sage, étant donné la surexcitation des habitants, de couper la corde qui retenait le monstre et d'abandonner son cadavre au fil de l'eau.

Le caïman qui est très redoutable dans l'eau, lorsqu'il est à terre, n'attaque jamais l'homme, mais il poursuit les enfants et les femmes. Plusieurs voyageurs ont prétendu que le bruit ou l'agitation de l'eau les faisait fuir, il n'en est rien, et les troupeaux de bœufs qui traversent les fleuves et les rivières, laissent toujours de nombreuses victimes sous la dent de ces sauriens, malgré les cris et battements de pagaies des convoyeurs. Les pirogues ont beau faire vigilence, ils réussissent toujours à entraîner quelques bêtes. « Les bœufs pleurent quand ils arrivent sur les bords du Mangou, près de l'Océan, disent les indigènes, lorsqu'ils sentent le caïman. »

En dépit de la vénération superstitieuse, les peuplades de la côte orientale détruisent les petits caïmans, et ramassent leurs œufs, gros et allongés, qu'ils font bouillir, sécher au soleil et conservent dans des sacs. C'est un aliment dont ils se montrent très friands.

Les dents des caïmans, dit M. J. Macquarie, sont portées comme talismans :

« Le *joyau central de la couronne* des souverains hovas est une dent de crocodile en or et les Sakalaves renferment les reliques de leurs rois dans des dents de crocodiles qui sont précieusement gardées dans la maison sacrée des ancêtres. La propriété de ces reliques constitue seule le droit de royauté, l'héritier légitime qui s'en laisse dépouiller se voit déchu du trône où il est remplacé par l'heureux voleur, et cet usurpateur jouit sans contestation de l'autorité souveraine. Les Hovas, à leur arrivée dans le royaume du Ménabé, se sont emparés des précieuses reliques, sans s'inquiéter du roi; depuis ils gardent à vue la maison des ancêtres sous prétexte de rendre les honneurs dûs à leur mémoire, et les Sakalaves du Ménabé acceptent sans murmurer la domination de ces Malayous.

C'est toujours la plus grosse dent du crocodile, qui est choisie pour servir de reliquaire royal. Les indigènes se la procure en attirant, à l'aide d'entrailles de bœufs, les sauriens dans un bras étroit de rivière qu'on ferme ensuite aux deux bouts. Ils choisissent alors le plus gros de tous ces monstres, ils l'enlacent de cordes, le tirent à terre et lui introduisent une patate brûlante à l'endroit de sa plus grosse dent. Un quart d'heure après l'application de ce singulier topique, la dent est facilement extraite et l'on rend l'animal à la liberté. »

Juin 1886.

DE TAMATAVE A TANANARIVE

Les lacs. — Andévourante. — Les forêts et les montagnes.
Les prairies flottantes. — Le Mangourou.

La distance de Tamatave à Tananarive est de 270 kilomètres à vol d'oiseau et en réalité de 400 kilomètres.

Ce voyage est fatigant, très dangereux, étant donné l'absence complète de voies de communication et les moyens de transport tout-à-fait primitifs employés dans la grande île pour pour se rendre d'un point à un autre. Tout se borne au *filacon* et à la navigation en pirogues.

On se représente les difficultés rencontrées par nos soldats qui, en 1886, après les hostilités, constituèrent la garde d'honneur à Tananarive.

Cette garde devait se composer de cent hommes, choisis parmi les militaires du 2e régiment d'infanterie de marine aptes à remplir les professions de dessinateurs, géomètres, charpentiers, menuisiers, serruriers, maçons, etc. Au moment de mobiliser cette compagnie, on eut des craintes. Cent hommes c'était beaucoup ; on redoutait une manifestation. Jamais la province de l'Imérina n'avait vu de soldats européens, le peuple aurait pu se soulever. La garde d'honneur fut donc réduite à trente-six hommes de choix sous la conduite d'un lieutenant.

Le petit détachement fut divisé en trois fractions de douze hommes chacune. Chaque homme fut porté en filacon sur les épaules de quatre bourgeanes ; quatre autres indigènes marchaient devant pour relayer les premiers. De plus, les bagages et les vivres de chaque homme étaient transportés par deux autres naturels, soit un personnel de dix hommes par soldat. C'est ainsi que la garde d'honneur se rendit à Tananarive où elle ne séjourna que deux mois environ, des difficultés diplomatiques ayant surgi.

Pour se rendre de la côte dans la capitale des Hovas, il y a trois zones distinctes : la première est formée de grandes plaines sablonneuses, parfaitement cultivées et plantées d'arbres; la seconde est la forêt ; la troisième est celle des hauts plateaux, où l'on rencontre des pâtures et des mines aurifères.

Si le trajet est difficile, en revanche les merveilles qui se déroulent sans cesse à vos yeux vous récompensent bien vite des tortures endurées.

De Tamatave, on file dans la direction d'Yvondro, qui est distant de deux lieues. Les porteurs commencent le *rarang*, c'est-à-dire le trot, en se relayant presque sans interruption et sans ralentir leur course. Le voyageur se trouve violemment balotté sur son siège et éprouve un malaise comparable au mal de mer.

La campagne de Tamatave comprend de nombreuses prairies où l'on rencontre beaucoup de halliers. Elle est entrecoupée par des flaques d'eau et des marais dans lesquels se promènent des bœufs à l'œil mélancolique. Çà et là, des bouquets d'orangers garnis de fruits. Au lointain, derrière les bois sombres, l'horizon est fermé par une chaîne de montagnes.

Après trois quarts d'heure de marche, dans une immense plaine sablonneuse, on arrive au village d'Yvondro, près de l'embouchure de la rivière de ce nom, dont la rive droite est bordée de forêts d'aroïdes gigantesques.

Là, avant de commencer la traversée de la rivière, qui dure environ une heure, les bourgeanes prennent un repos. L'Yvondro a l'aspect d'un lac. Une fois sur la rive droite, on suit un chemin sinueux et ombragé par une plantation naturelle de citronniers qui conduit à Amboudissine, hameau dans les environs duquel avait été placée une cruche vénérée où les voyageurs, pour se rendre les dieux favorables, venaient verser leur obole.

Les bourgeanes filent droit à travers une mer de sable sur Tranoumare où l'on parvient assez tard dans la soirée. Ici, l'hospitalité est proverbiale. Les naturels vous abandonnent leurs cases.

Le lendemain, à l'aurore, on quitte Tranoumare, traverse un grand bois et revient sur les bords de la mer que l'on côtoie jusqu'à Andévourante, à vingt lieues, dans le sud de Tamatave. On y rencontre des savanes entrecoupées par de grands lacs et d'épaisses forêts.

Ces lacs, peuplés de caïmans et couverts de nombreuses bandes de canards, sarcelles et autres aquatiques, ont des rives qui présentent des tableaux grandioses, des paysages ravissants.

« L'esprit superstitieux et avide de merveilles des Malgaches — dit M. Macquarie — a peuplé ces lacs d'êtres surnaturels ou fabuleux. C'est ainsi que les deux immenses lacs de Rassoua-Massaï et Rassouabé ont leurs légendes : à la mort du géant Darafife, qui habitait l'emplacement de ces lacs, ses deux femmes (la grande et la petite, Rassouabé et Rassoua-Massaï) s'abîmèrent de douleur au milieu des marais plantés de riz ; elles les remplirent d'eau par leurs larmes et se changèrent en sirènes. Les naturels tremblent en passant la nuit sur les bords de ces deux lacs où ils entendent les voix plaintives des deux femmes du géant.

« Radama aimait à fronder parfois les préjugés populaires ; ce prince viola le premier et détruisit le caractère sacré de ces lacs fadis sur lesquels on ne pouvait faire passer ni porcs ni graisse.

« Sur la rive droite du lac Rassouabé, s'élève le village d'Andavaemenerana (le trou du serpent) dont la légende rappelle en tous points la fable d'Hercule et du serpent Python. Un serpent monstrueux habitait cet endroit et dévastait les pays d'alentour dont il dévorait les hommes et les bœufs ; après une lutte inouïe, le géant de Vavoune réussit à vaincre le monstre : il le coupa en petits morceaux et dispersa au loin les débris de son corps qui ne purent se retrouver pour se rejoindre.

« Certaines forêts de la côte sont également des bois sacrés renfermant les arbres fadis aux branches d'ex-voto en lambeaux d'étoffes de toutes couleurs ; elles sont remplies d'oiseaux et de myriades de papillons magnifiques. Tandis que ces insectes butinent les fleurs des citronniers sauvages, des merles, des sylvies et des cyniris chantent cachés sous l'épais feuillage et le coucou jette son cri en traversant le ciel où plane, avec les autres oiseaux de proie, le falco Radama ».

Le quatrième jour de marche, on arrive sur la rive gauche de l'Iarouka, au village d'Andévourante, qui est certainement le plus beau village de l'île. On l'a appelé la Capoue malgache. Il est sur la frontière des Betsimsarakas et des Bétanimènes, pays riches en culture et commerçants. Ce sont les femmes qui cultivent le sol ; les hommes vivent dans la plus grande oisiveté et donnent un libre cours à leurs passions. Je n'ai jamais vu centre de corruption plus grand. La vie se passe dans les plaisirs et les fêtes.

C'est à Andévourante que l'industrie du tissage est à son apogée. On y fabrique des tissus en paille de riz et rofia qu'on appelle *rabanne*, d'un beau travail et d'une grande finesse.

Andévourante renferme le tombeau du comte de Solages, martyr chrétien du culte catholique qui, en 1832, accusé de sortilèges, fut mis dans une cage où il mourut de faim.

A partir de ce village, la route, plus directe, se dirige vers les hautes montagnes, du côté de l'ouest. On traverse l'Iarouka, où viennent se déverser plusieurs affluents dont les rives sont garnies d'aroïdes, sous l'ombrage desquels des variétés considérables d'oiseaux aquatiques, au ravissant plumage, vous font sortir de la rêverie dans laquelle vous ont plongé la musique et les chants mélancoliques des pagayeurs.

De temps en temps, vous apercevez sur les langues de sable des caïmans qui se prélassent au soleil et se précipitent à l'eau dès qu'ils vous aperçoivent.

Trois heures environ après, vous débarquez dans une immense forêt remplie de colossales couleuvres qui sont absolument inoffensives et peuplée par une quantité considérable de gibier qui vous permet d'exercer votre adresse au fusil. Cette forêt est également peuplée de singes macocos qui se livrent à une gymnastique endiablée à travers les branches. La chair de ces animaux est détestable et, si ce n'avait été la peau, qui me fit une belle descente de lit, j'aurais regretté la balle dont je gratifiai l'un d'eux et l'honneur de la broche qui en fut la conséquence.

Après une nuit en pleine forêt, durant laquelle les aïe-aïe (singes) vous ont empêché tout repos par leurs pérégrinations nocturnes, qu'ils accompagnent de cris continuels, vous vous remettez en marche, les jambes un peu raides, et parvenez bientôt aux mamelons qui se superposent avant d'arriver aux montagnes et dans les vallées desquels coulent de clairs et nombreux ruisseaux. La marche est des plus pénibles, et le voyageur admire la souplesse des hanches et la force des jarrets des porteurs, dont le pied sûr fait l'ascension des raidillons et des collines, tantôt couvertes d'épaisses forêts de ravenalas, tantôt complètement dénudées. Ils s'encouragent mutuellement en poussant des cris sauvages, sur un rythme bizarre.

Les vallons sont remplis de marais dans la vase desquels on enfonce jusqu'au genou. La route est donc très fatigante et presque impraticable jusqu'à Ranomafane, village construit en amphithéâtre au pied de charmantes collines qui possèdent plusieurs sources sulfureuses très renommées.

Un repos de plusieurs heures est nécessaire aux bourgeanes qui reprennent la route, passant dans plusieurs petits villages avant de parvenir à Ampasibé, situé sur un plateau au milieu des bois. Les gens de ce village sont très hospitaliers, mais ils ont une crainte, dont rien n'approche, des araignées qui ont élu domicile sur certains arbres de leurs forêts et qui, paraît-il, sont redoutables et très venimeuses. Les quelques échantillons que j'ai pu apercevoir au passage n'encouragent guère à prolonger son séjour dans ces lieux.

Quittez Ampasibé, l'aspect du pays change complétement, les collines, couvertes d'herbes épaisses, deviennent plus nombreuses. C'est la zône des contreforts des grandes montagnes dont les pics, disent les malgaches, soutiennent le ciel.

On se dirige sur une montagne à pic, le Malidou, où commencent les grandes forêts qu'il faut traverser entièrement pour arriver au plateau de l'Ankay et de l'Ankove. Quatre heures de marche sous bois, par des sentiers glissants, vous conduisent dans la vallée de Béfourne, profonde, inondée d'eau, formant un lac au milieu duquel un village est bâti sur pilotis. Les habitants détachent des pirogues et viennent au devant de vous.

Le spectacle de cette contrée, qui est à peu près à mi-chemin de la capitale, est des plus curieux. Au-dessus des eaux bleuâtres et tranquilles du lac, voltigent des papillons innombrables, de toutes couleurs, dont quelques-uns mesurent une envergure d'ailes de vingt centimètres environ.

L'air est embaumé de mille senteurs, ce qui n'empêche pas que c'est l'endroit le plus malsain de toute l'île et que la fièvre y sévit toute l'année. Très grande est la fraîcheur des nuits et malheur à celui qui, pendant son sommeil, a négligé de se couvrir le ventre avec une ceinture de flanelle.

On s'éloigne à regret de cet endroit enchanteur pour se diriger sur Ambavaniassina qui se trouve à l'entrée de la forêt d'Alanamasoatrao dont la longueur est de soixante kilomètres. Il faut deux jours pour traverser ces bois inextricables qui couvrent une grande étendue de montagnes, remplies de ravins, de fondrières, de précipices sans fond cachés par des couches de feuilles de fougères, auxquels succèdent des montagnes d'où s'échappent des torrents. Des arbres très grands, au feuillage sombre, des palmiers qui atteignent une moyenne de soixante-dix mètres, s'élèvent majestueusement vers le ciel.

Cette traversée en pleine forêt est certainement la plus pénible. Avant de s'y engager, les porteurs sacrifient aux sikidis, qui leur permettent de franchir cette route remplie d'obstacles, troncs d'arbres couchés en travers du chemin glissant et coupé de ravins et de boue. Les sentiers sont parfois si raides que le voyageur, quoique allongé dans le filacon, prend quelquefois la position verticale.

On admire alors la force des bourgeanes et leur adresse, et c'est avec une certaine émotion que l'on se cramponne aux brancards de la chaise à porteurs d'où les naturels ne veulent pas vous laisser descendre de crainte des singes qui vous jettent sur la tête tout ce qui tombe sous leurs mains, et des serpents qui pullulent dans ces taillis. Des bandes de sangliers traversent le chemin et l'air est déchiré par les cris des oiseaux.

Vous traversez une deuxième fois l'Iarouka et arrivez à la station forestière d'Alanamasoatrao dans une clairière où habitent des bucherons dont le village est entouré de parcs de bœufs.

Ici le type des habitants change complétement; on sent déjà le hova au teint cuivré. Les cases sont construites en bambous et en bois dur avec toits de chaume. Elles sont peuplées de rats et de souris blancs en quantité considérable, vivant en excellentes relations avec les naturels qui les protègent.

Au sortir du bois commence la traversée dangereuse des prairies flottantes qui précèdent le plateau de l'Ankaye.

Le terrain fangeux est bordé de verdure au feuillage jaune qui le cache à l'œil et la moindre obliquité dans la direction vous ensevelirait dans ces terrains vaseux où les bœufs viennent trouver la mort et qui servirent longtemps de tombeaux aux suppliciés nobles.

Au sortir de cette traversée dangereuse et malsaine, on se dirige sur Moramanga, aux pieds de l'Ankaye, plateau de 925 m. d'altitude qui offre un spectacle merveilleux.

Parsemé de collines couvertes de pâturages avec des bois, des vallées entrecoupées de ruisseaux ou de rivières, la température y est froide. Il est arrosé par le Mangourou qui est une des plus grandes rivières de Madagascar. Dans ses eaux noires, les caïmans règnent en maîtres et les chiens ne s'y aventurent qu'après avoir usé d'un stratagème qui donne une preuve incontestable de l'intelligence de cet animal. Il descend lentement le long de la rivière en se montrant ostensiblement et aboyant et cela pendant plusieurs centaines de mètres, puis, tout à coup, il revient brusquement sur ses pas en filant à toute vitesse, la queue basse et se jette à l'eau à l'endroit choisi. Les caïmans qui l'ont suivi dans sa promenade ont déserté l'endroit et il échappe à leurs dents.

La traversée se fait au village d'Andakana d'où, après avoir gravi quelques collines et la montagne d'Ifodi, l'on débouche en suivant la Manambola, dans la vallée de l'Angave, étroite et sinueuse.

Ici, c'est la vie patriarcale : autour de chaque case, des troupeaux de porcs et des bandes de volailles, des bœufs et des moutons au poil ras.

Beaucoup de fruits, pêchers et mûriers. Les villages sont entourés de murs en pierres ou en terre rouge ; tout respire l'aisance.

Repos à Amboudimangave. Le lendemain, escalade des flancs escarpés du Mandrahodi, dont le sommet, sans végétation, s'élève à 2,000 mètres. Après une cheminée montagneuse, on arrive au village de Keramadinika, d'où l'on domine l'Ankove.

La nature change complétement, plus de bois, les collines sont arides. De tous côtés, dans la plaine, on rencontre des rangées de grandes pierres droites, il y en a à l'entrée des villages, on se croirait en Bretagne au milieu des menhirs et des dolmens celtiques. Ces pierres sont les tombeaux des anciens habitants de Madagascar. Dans cette plaine, l'air est pur et vivifiant.

DE TAMATAVE A TANANARIVE. — LE PASSAGE D'UNE RIVIÈRE

Dessin de Raymond Deshays, d'après une photographie.

Après avoir passé Mantassoua et traversé de nombreuses rivières, on arrive à Ambatoumanga au milieu duquel se trouve un gigantesque rocher à pic. Ce village a une double enceinte de murs et de fossés. Du sommet du rocher, d'un accès difficile, on aperçoit Tananarive, ce nid d'aigle, la ville au mille villages.

Après avoir traversé le village d'Andrèsoure, environ à un mille de la capitale, les bourgeanes arrivent dans la fameuse Tananarive en courant de toute la vitesse de leurs jambes et en poussant de grands cris.

Le voyage dure onze jours, mais peut être accompli en huit ou neuf jours en marchant vite.

Juin 1886.

TANANARIVE

Le Grand Palais de la Reine. — Le Palais d'Argent. — Souanierane. — La Roche Tarpéïenne.—Le Champ de Mars. — Les Foires du Vendredi.— Le Serment du Lac. — Le Tombeau de Rainihaire.

Tananarive, centre militaire du peuple hova, se trouve à quinze cents mètres au-dessus du niveau de la mer et jouit d'un climat exceptionnel. En hiver, le thermomètre descend parfois à 4°, ce qui prouve que le froid y est assez intense.

Peuplée d'environ soixante-quinze mille habitants, *la ville aux mille villages*, comme l'appellent pompeusement les Hovas, peut-être considérée comme une véritable capitale. Bâtie sur une colline, dominant de deux cents mètres la plaine vaste et fertile qui l'entoure, vrai « nid d'aigle », sur des hauteurs escarpées, défendue par de profonds fossés, Tananarive, à l'époque où les différentes peuplades de l'île étaient presque constamment en guerre, était considérée comme une inexpugnable citadelle.

La ville était autrefois contenue dans un mur d'enceinte, mais, depuis quelques années, elle a pris beaucoup d'importance, de nombreux faubourgs se sont ouverts, comme par enchantement, brisant la vieille enceinte qui tombe en ruine, et couvrent toute la partie habitable de la colline.

L'ancienne cité se distingue nettement des faubourgs par ses constructions de l'intérieur qui sont toutes en bois, alors que celles *extra muros* sont en terre. Toutes invariablement sont surmontées de nombreuses piques ou paratonnerres à cause des orages suivis de pluies torrentielles qui, de décembre à avril tombent continuellement. Il tonne presque journellement, d'une façon effrayante, et la foudre fait, chaque année, de nombreuses victimes.

Vue de loin, la cité hova, au milieu d'une immense plaine couverte de rizières et arrosée par un grand fleuve, offre un aspect des plus pittoresques.

Les palais, les églises, les temples, les forts, forment à distance un ensemble imposant. Entrez en ville, tout s'évanouit dans une complète désillusion. Dans les rues, malpropres et tracées au hasard, les monuments sont lourds, les maisons misérables.

Parmi les principaux monuments il faut citer le *Grand Palais de Ranavalo* (Mandra-Kamiadana), tout construit en bois et d'un aspect grandiose en dépit de la simplicité de son architecture.

Toute la façade est formée de trois rangées superposées de varangues soutenues par de nombreuses colonnes qui donnent à l'édifice beaucoup de légèreté. Un arbre de quarante-cinq mètres de hauteur sert de colonne centrale sur laquelle vient s'appuyer un toit, conique et aigu, couronné par un dôme où, au milieu des ailes déployées d'un énorme vouroun-mahère (oiseau royal) en cuivre doré, flotte le drapeau malgache.

Aux environs du palais royal s'élèvent les maisons, hôtels particuliers, assez bien construits et suffisamment confortables, des dignitaires, bâtis sur un sous-sol, avec vérandas et galeries couvertes, au milieu de magnifiques jardins bien entretenus et garnis de plantes rares.

La vaste terrasse au milieu de laquelle s'élèvent le *Palais de la Reine* et le *Palais d'argent,* est entourée d'une palissade de pieux énormes, sauf du côté de l'entrée principale qui est défendue par une double rangée de canons.

Tronouvola, le Palais d'argent, qui était la demeure de Rakoto, fils de la première reine, doit son nom aux ornements qui garnissent en partie les portes et les fenêtres et aux clous argentés de sa toiture en bardeaux qui reluisent au soleil.

Souanierane est un palais inhabité depuis une cinquantaine d'années, qui occupe le sommet d'un vaste coteau à quelque distance de la ville.

C'est un édifice immense, flanqué de pavillons à ses angles et d'une ceinture de

balcons de trois cents mètres de pourtour. Il fut construit par un Français, M. Legros, qui
fit entourer la plate-forme de trois rangées d'arbres, ce qui est très rare dans ce pays complètement déboisé.

Malgré la désertion dont ce monument fut l'objet en 1828, on ne sait trop pourquoi,
il n'est pas en trop mauvais état.

Les maisons des indigènes, construites sur terrasses, sont petites et peu meublées ;
elles bordent la grande et unique rue de Tananarive et les sentiers tortueux qui sillonnent
la montagne, se dirigeant vers le centre de la ville, et descendent vers la plaine au sud, où
se tiennent tous les vendredis d'importants marchés où grouille une foule énorme, agitée,
pittoresque.

Si la ville est bien alimentée d'eau par de nombreuses fontaines qui jaillissent de
la roche et par plusieurs lacs, en revanche, le soir, l'éclairage fait complétement défaut.
Les habitants ne sortent que munis de lanternes, pour éviter les fondrières et les précipices.

Tananarive a son lieu des exécutions, non loin des édifices royaux, c'est la *Roche
Tarpéienne*, rocher à pic de cent cinquante mètres de hauteur qui, à environ cinquante
mètres de sa crête, présente un renflement au delà duquel se continue le précipice.

Du haut de cette roche, les condamnés à mort sont précipités dans le vide, et des
sagayeurs placés au bas achèvent ceux qui pourraient, par le plus grand des hasards, ne
pas être tués sur le coup.

Au bas de cette roche des supplices se développe le Champ de Mars, où l'armée
hova accomplit ses manœuvres.

On ne peut s'imaginer les difficultés vaincues et l'opiniâtreté montrée par les Hovas
pour la création de leur capitale, et son origine toute militaire ne permettait pas de supposer
qu'une véritable fourmilière humaine remplacerait un jour l'humble village que le chef
de tribu Andrian-Ampouine avait fait établir sur le haut du rocher, au milieu du plateau
de l'Ankove, comme une position inexpugnable, à l'époque où il s'était juré de faire plier
sous son joug toutes les peuplades de la grande île.

C'est son fils Radama, proclamé roi, qui eut l'idée d'y établir la capitale de son
royaume et surmonta tous les obstacles naturels par de gigantesques travaux, tels que la
construction d'une énorme muraille qui soutient l'immense terrasse sur laquelle s'élèvent
les palais royaux, et le rasement d'une partie de la montagne pour y établir un faubourg.

Plus de vingt mille esclaves périrent avant l'achèvement de ce travail de géant et
lorsque l'on considère la grosseur de la plupart des arbres qui ont servi à faire les colonnes
qui supportent les édifices, on se demande comment ces pauvres diables ont pu tirer
et transporter ces énormes bois de forêts qui sont situées à plus de trente lieues de la
capitale.

L'aspect de Tananarive est pittoresque, mais sévère. Les maisons suspendues aux flancs de la colline sont si nombreuses et si petites qu'elles couvrent la montagne sur plus de trois kilomètres, descendent compactes sur ses flancs et dévalent dans la plaine où elles vont former une foule de villages.

C'est dans la partie Sud de cette plaine que se tiennent les assemblées du peuple et de grandes foires qui ont lieu tous les vendredis.

Rien de plus curieux que ces foires grouillantes, qui amènent à la ville vingt mille individus. La circulation est complètement impossible et cela dure jusqu'au soir.

Ces foires sont complétement indépendantes du grand bazar quotidien qui se tient à Tananarive même, sur un élargissement de la crête de la montagne.

.   .
.

A peu de distance de ce marché se trouve le *lac du serment* où, dans les circonstances les plus solennelles, les Hovas viennent jurer suivant un antique usage.

M. Zacharie raconte cette cérémonie de la façon suivante :

« On immole un bœuf sur les bords du lac en le transperçant de plusieurs sagaies qu'on laisse en place dans le corps de l'animal qui est foulé aux pieds avant qu'il ne meure. Alors l'homme qui prononce le serment appelle sur lui, s'il se parjure jamais, toutes les malédictions de Dieu et une mort violente, pire encore que celle du bœuf. Puis il avale, pour sceller cet acte solennel et public, quelques gorgées de l'eau du lac. Ce serment rappelle celui que les anciens faisaient par le Styx et l'Achéron; il n'est ni moins redoutable, ni moins sacré. Lors de la mort de sa mère, Radama II se trouva en présence de son cousin Rambousalam, qui lui disputa le trône; au lieu de le faire périr, il n'exigea de ce prince, son compétiteur, que le serment du lac. Rambousalam reprit, après l'avoir prononcé, son rang à la cour. »

.   .
.

Le monument le plus beau de Madagascar est le tombeau de Rainihaire, ministre de Ranavalo et un des plus grands favoris.

Ce monument, qui est situé au nord-ouest de la ville, peut passer pour une œuvre d'art malgré son architecture bizarre. Il est de forme carrée et entouré de galeries dont les arceaux surbaissés d'une certaine finesse de détails et d'une grande hardiesse les font trouver très remarquables.

Juillet 1886.

13

A LA COUR

La reine Ranavalo et Rainilaiarivony, le premier ministre.
La fête du Fandroana.

La reine de Madagascar, Ranavalo III, a été proclamée le 13 juillet 1882. Elle avait vingt ans et était, quoique d'origine royale, de condition très modeste, puisqu'un de ses oncles exerçait la profession de boucher.

C'est une femme de taille moyenne, d'une physionomie très agréable, à la peau foncée, au regard vif et intelligent, aimable, gaie, portant très élégamment la toilette européenne, et dont l'existence est des plus simples et des plus régulières. Il n'en est pas de même des princesses de sa famille, dont les intrigues nombreuses avec les Européens sont parvenues aux échos du monde entier et ont fait les délices des officiers et sous-officiers, très rares du reste, qui ont séjourné quelque temps à Tananarive.

Quoique très curieuse des choses d'Europe, la reine ne s'occupe pas du tout de politique, et ce n'est que par les conversations de son entourage qu'elle peut être tenue au courant des affaires de son gouvernement.

On ne la consulte jamais et c'est son mari, le vieux Rainilaiarivony, qui détient le pouvoir depuis 1864 et qui impose ses volontés au Peuple madécasse, cumulant les fonctions de premier ministre avec celles de généralissime de l'armée hova.

Rainilaiarivony est avisé et instruit, très au courant de la politique de l'Europe et affirmant la sienne en déclarant que son royaume n'acceptera aucune domination.

Les Hovas professent à l'égard de leur reine un culte véritable, et lorsque, enveloppée de son châle blanc et son lamba de soie, abritée sous le parapluie rouge, qu'elle seule peut porter, elle passe dans le *filanzane* royal, le peuple se prosterne le front dans la poussière.

Les riches familles de Tananarive vivent dans l'oisiveté la plus complète, jouant aux cartes, au loto ; dansant aux sons de l'accordéon, qui est un instrument très aimé des Malgaches ; chantant des improvisations sur les évènements de la journée ; lunchant plusieurs fois par jour et potinant sur les aventures galantes et les contes grassouillets.

.˙.

Les fêtes du nouvel an, qui ont lieu le 21 novembre, sont appelées *Fandroana* ou bain de la reine ; elles durent plusieurs semaines et donnent lieu à de grands festins où les convives restent quelquefois vingt-quatre heures à table à se gorger de viandes et à boire le rhum d'une façon révoltante.

La veille du grand jour, toutes les affaires sont arrêtées et, à la tombée de la nuit, les enfants, munis de torches, se promènent dans tous les villages de l'Imérina.

Au lever du soleil, des salves de coups de canon annoncent le commencement des réjouissances. De nombreux habitants se rendent en hâte vers le palais de la reine pour prendre part à la chasse aux bœufs. En effet, chaque année, un certain nombre de ces animaux destinés au peuple sont lâchés du palais, et prennent leur course, poursuivis dans les rues en pentes rapides par des centaines d'individus, gesticulant, criant à tue-tête, hurlant, excités par la populace grouillante qui, aux fenêtres et sur les terrasses, assiste à ce spectacle assurément pittoresque, mais excessivement dangereux. Les bœufs affolés se précipitent, fuyant dans toutes les directions, et acculés, furieux, font souvent un mauvais parti à leurs bourreaux, qui bien des fois perdent à ce jeu, un œil, un bras, une jambe. Mais qu'importent à la souveraine quelques éclopés de plus, son peuple ne s'est-il pas amusé ?

Toute la journée, des bandes de danseurs et chanteurs sillonnent les rues, aux sons de la musique et, le soir, la foule se dirige vers les portes du palais pour assister à la cérémonie du bain qui est publique.

Dans la salle du trône, au fond, à droite, derrière un rideau rouge, se trouve la baignoire royale dans laquelle la reine vient de s'étendre, pendant que la musique joue les airs nationaux qui sont chantés en chœur par tous les assistants. Pendant ce temps, le prêtre du palais récite des prières et un des membres de la famille royale reçoit les salutations des spectateurs en même temps qu'une belle et bonne piastre dont chacun d'eux lui fait hommage et qu'il empoche avec dextérité. C'est la cérémonie du *hosina*.

Au milieu de la salle se trouve une énorme marmite en terre, autour de laquelle les hauts dignitaires et les grandes dames viennent déposer du bois avec force salamalecs. D'autres apportent de l'eau et du riz, le feu est allumé, et chaque assistant, muni d'une feuille de bananier, vient à son tour éventer le foyer. D'autres grands personnages apportent de la viande de bœuf qu'ils découpent en petits morceaux ou plutôt en lanières.

Soudain, la jeune reine, pompeusement parée, tenant dans la main gauche une corne blanche remplie de l'eau de son bain, se dirige lentement vers la porte principale. Elle verse de l'eau dans sa main droite et en asperge le visage des assistants, discrètement pour les Européens, abondamment pour les Malgaches, qui se bousculent, préférant se briser les tibias plutôt que de ne pas être aspergés.

Arrivée sur le grand perron, elle vide le restant de sa corne sur la foule, les salves du canon résonnent, des hourras retentissent de toutes parts, cela tient du délire, c'est une scène profondément sauvage.

Immédiatement après a lieu la collation. Le riz est retiré de l'immense marmite, distribué dans de grandes assiettes et les Malgaches, assis en cercle, munis de fourchettes en corne, mangent ce mets très clair, au milieu duquel surnagent les petites lanières de viande dont j'ai déjà parlé.

Le repas terminé, le premier ministre, tout chamarré d'or, commence un discours pompeux. D'une voix forte, vibrante, avec des gestes larges, énergiques, il pivote sur ses talons, s'adressant tantôt à la reine, tantôt à la cour, tantôt à la foule, servant la harangue qui, paraît il, chaque année est la même, et comporte des louanges à la reine, aux Hovas, à la terre des aïeux, qui ne doit pas être souillée par les étrangers, et n'appartenir qu'à la reine.

A chaque paragraphe, il se tourne vers la foule : « N'est-ce pas cela, peuple ? », « oui, c'est cela » répète le peuple. L'enthousiasme est à son comble, une frénésie s'empare des assistants qui trépignent, tandis que le canon tonne.

Vers minuit, la cérémonie est terminée, chacun rentre chez soi où les libations vont continuer ; il ne reste plus dans les rues que les pochards qui, au milieu des ténèbres, roulent dans les ornières.

VUE DE TANANARIVE.

Dessin de Raymond Deshays, d'après un croquis de G. Michel.

Le lendemain on abat des quantités considérables de bœufs, la viande est distribuée à profusion aux esclaves. Une fête est organisée pour les enfants sur la place de Mahamasa ; on joue, on danse, on chante ; des réceptions ont lieu à la cour et pendant un mois, Tananarive se grise dans des orgies pantagruéliques.

Le dernier jour des fêtes, une parente de la reine se rend en grande pompe à Ambohimanga, où elle va prier et verser sur le tombeau de ses ancêtres, le sang d'un bœuf blanc qui a été immolé le premier jour de l'année.

Novembre 1886.

RM

LES ANCÊTRES

Les tombeaux. — Les « ranzanes » et le culte des morts.

Les habitants de Madagascar enterrent les morts dans l'intérieur des villages, dans les champs, les bois, le long des routes, selon la coutume des différentes peuplades.

A Tananarive, chaque habitant conserve dans la cour de sa maison les tombeaux de ses ancêtres.

Ces monuments funéraires sont généralement construits en pierre grise très belle, mais grossièrement taillée.Ils se composent ordinairement de deux plates-formes supérieures.

Jamais aucune inscription sur ces sépultures très simples, mais, en revanche, une ornementation copieuse de crânes de bœufs, que les parents et amis viennent offrir aux mânes des défunts.

Le cadavre, enveloppé dans des étoffes de soie, est enterré sans cercueil, avec ses plus riches vêtements, ses armes, ses insignes.

Les funérailles se font au son de la musique. Les parents, amis ou esclaves qui ont veillé le mort font les éloges du défunt et se lamentent sur sa perte, sans oublier de caresser d'une façon peu discrète un certain nombre de bouteilles de rhum, aux frais des héritiers, bien entendu.

La cérémonie terminée, les assistants se livrent à une véritable orgie pendant laquelle ils célèbrent les qualités du disparu. Cela rappelle absolument le pochard qui, en revenant du cimetière de Pantin, où il venait d'enterrer sa belle-mère, vantait les qualités de la brave femme et sifflait une verte chez les mastroquets après chaque oraison.

Sur la côte des Betsimsarakas, le mort est placé, avec le même cérémonial, dans un arbre fouillé, recouvert d'un autre arbre également creusé et placé sur quatre piquets à vingt centimètres du sol.

. .

En dépit des libations de mauvais goût qui accompagnent chaque cérémonie funèbre, les Hovas professent pour les tombeaux un véritable culte. Ils sont pleins de respect pour les tombes de leurs plus mortels ennemis et jamais une sépulture n'a été profanée ou violée.

Le culte des *ranzanes* (ancêtres) est général sur toute la superficie de l'île. Ils passent pour s'occuper, dans le sommeil éternel, des intérêts des vivants et les vœux faits à leurs mânes sont nombreux.

Les sépultures renferment de véritables trésors auxquels la famille, réunie en conseil, ne peut toucher que dans les cas extrêmes.

Les Betsileos et les Antsianakas conservent leurs morts dans les environs de leurs habitations. Il n'en est pas de même des autres tribus qui cachent les tombeaux dans les endroits les plus sombres et les plus retirés.

Chaque village possède une pierre sur laquelle on sacrifie ou fait des offrandes.

« Les Sakalaves, — dit M. Macquarie, — qui redoutent beaucoup la mort, ne se contentent pas seulement de détruire, avec tous les objets qu'elle renferme, la case du décédé, ils abandonnent souvent leur village, et le nom du mort n'est jamais prononcé; c'est sous un nouveau nom que la famille vénère sa mémoire.

Ainsi, leur fameux roi Ramitra s'appelle, parmi les morts, Mahatenorivou (*le prince qui a vaincu mille ennemis*), et malheur à celui qui prononcerait l'ancien nom du souverain, il serait considéré comme le meurtrier de son roi, et s'il échappe à la sagaie, il perd du moins tous ses biens qui sont livrés au pillage.

La cérémonie funèbre des rois Marouseradanes est particulièrement remarquable : le corps du prince, cousu dans une peau de bœuf, est transporté dans la partie la plus déserte de la forêt voisine, où on le suspend à un arbre, et sa garde est confiée à une famille.

Après plusieurs mois, les chefs se réunissent et se rendent, à la tête de leurs tribus, auprès du cadavre pour recueillir les reliques royales, c'est-à-dire quelques vertèbres, des mèches de cheveux, un ongle, etc. Les restes, une fois placés dans un cercueil, afin que le souverain ne se confonde pas, même dans la mort, avec ses sujets, sont ensevelis avec une très grande pompe. La cérémonie se termine toujours par des sacrifices humains.

Quand aux royales reliques, elles sont renfermées dans une dent de crocodile et ensuite déposées dans la maison sacrée des ancêtres. »

Novembre 1886.

MAJUNGA

Les Sakalaves. — Le jeu de la Sagaïe. — L'arbre anthropophage.
La mort de Lambo.

Majunga est le second port d'exportation de Madagascar. Située en face de la rive africaine de Mozambique, au nord de la baie spacieuse de Bombétok, elle est le lieu tout dé-signé pour le débarquement de nos troupes. C'est la station maritime de la route qui, par les vallées du Betsibouk et de l'Ikoupa, monte vers le plateau de l'Imérina.

La population indigène atteint environ 5,000 âmes et comprend beaucoup de Saka-laves, quelques Hovas fonctionnaires, commerçants, des Indiens, des Comoriens, des Anta-lastra, croisés d'indigènes avec des Comoriens ou des Arabes.

On y fait le commerce des cuirs qui sont traités au sel et, en somme, très mal préparés.

Le trafic du caoutchouc y est très grand : caoutchouc des Sakalaves, coagulé par l'action du citron ou du tamarin, assez déprécié ; caoutchouc du Ménabé, plus propre, mais humide ; caoutchouc de Majunga, préparé avec l'acide sulfurique.

Majunga fut autrefois la capitale du pays Sakalave.

Le séjour de Majunga est loin d'être agréable, surtout pendant la saison des pluies, où les averses sont continuelles et la fièvre paludéenne s'y fait cruellement sentir.

Derrière la ville se trouve une certaine quantité de manguiers touffus, d'un feuillage vert sombre, que la brise marine ne caresse jamais et où l'air circule difficilement.

On remarque que les Européens qui établissent leur domicile sous cette voûte épaisse sont plus sujets à la fièvre et à l'anémie.

* *

Les Sakalaves de la côte ouest formèrent, jusqu'à la fin du xviiie siècle, un puissant empire que ruinèrent les querelles intestines.

Sous Andrinampoinimerina et sous Radama Ier, attaqués par les Hovas, ils ne purent résister. Ils furent vaincus, mais non soumis, et leur haine des Hovas est restée implacable.

En 1840 et 1841, ils traitèrent avec nous. Comptant sur notre appui, plusieurs d'entre eux combattirent dans nos rangs en 1884-1885, mais, trahis par notre dernier traité qui les abandonnait aux Hovas, ils conservent pour nous un ressentiment très vif.

C'est avec ce petit noyau de combattants indigènes que fut formé, après les hostilités, le corps des *Tirailleurs sakalaves* qui a subi depuis bien des changements [1].

Ce corps, dont le recrutement est lent et pénible, se compose de Sakalaves, de Malgaches, d'Antakares, de quelques Hovas et d'indigènes des Comores, qui se plient difficilement aux exigences du métier des armes, malgré la mansuétude des autorités militaires à leur égard.

Ils ne font aucune des corvées du soldat et sont autorisés à avoir avec eux leur femme, qui veille à la préparation de la soupe et à la propreté de la caserne. Bien plus, les sous-officiers européens préfèrent souvent donner directement des ordres aux femmes.

L'engagement, qui avait été fixé à deux ans, n'est plus que d'une année, la solde a été notablement augmentée. Malgré ces avantages, les enrôlements sont peu nombreux et les désertions se produisent souvent, non par esprit de trahison, mais par besoin de liberté. Ils préfèrent, malgré un doux farniente, reprendre la vie commune.

[1] D'abord *Tirailleurs comoriens*, puis *Tirailleurs de Diégo-Suarez* et enfin *Tirailleurs malgaches*.

14

Le Sakalave a la peau noire et les cheveux crépus comme le nègre ; il a conservé les instincts et les errements de la race africaine, à laquelle il doit son origine, il est ignorant et superstitieux.

Il a le caractère belliqueux et manie la sagaïe avec une adresse incroyable. J'ai vu, à Majunga, un Sakalave exécuter la danse guerrière de sa tribu. Armé d'une sagaïe et d'un bouclier en bois, recouvert d'une peau de bœuf, il entreprit une danse furibonde, grotesque, sauvage, de temps en temps il lançait sa sagaïe en l'air, la faisait tournoyer, comme les tambours-majors de l'empire faisaient tournoyer leurs cannes, et, après l'avoir lancée à une hauteur prodigieuse, la rattrapait avec une dextérité parfaite. Il imprimait en même temps, à son poignet gauche, un mouvement de rotation, ce qui faisait mouvoir le bouclier en tous sens.

A un moment donné, le naturel se plaça à vingt-cinq pas d'un caroubier qui répandait sur notre cantonnement son ombre bienfaisante, fit décrire à la sagaie un mouvement de va-et-vient en avant et en arrière, tendit le jarret et, finalement, lâcha le trait qui vint se planter en plein milieu du tronc. Il ne fallut pas moins de trois hommes pour pouvoir arracher le fer de l'arbre.

Sollicité de nouveau, le Sakalave recommença l'expérience et, comme la première fois, le caroubier fut atteint en plein centre. On voit par là l'adresse de ces naturels, qui dès leur plus tendre enfance, sont dressés aux exercices de la sagaïe.

Les Sakalaves habitent des cavernes creusées dans les roches calcaires de leurs montagnes, au centre desquelles se trouvent des vallées profondes.

La religion consiste dans l'adoration de certains arbres ou plantes carnivores, suintant un liquide visqueux et possédant des qualités enivrantes dont ils se régalent avec avidité.

Leur déité est l'arbre anthropophage sur lequel M. Bénédict-Henry Revoil a publié, il y a plusieurs années déjà, une description assez complète qu'il a fait suivre d'un drame qui donne une juste idée de l'ancienne barbarie des Sakalaves :

« Qu'on se figure une immense pomme de pin de 3 mètres de haut et d'une grosseur proportionnelle. Cette pomme de pin géante, qui est le tronc de l'arbre, est noire et d'une dureté pareille à un bloc de fer. A la cime de ce cône, qui a près de 50 à 60 centimètres de largeur, on aperçoit une dizaine de feuilles qui retombent molles et pliantes, à l'instar de celles d'un bananier, avec cette différence qu'elles sont nerveuses comme celles de l'agave et terminées par des pointes d'une acuité sans pareille et creuses à l'intérieur.

Tout le bord de ces feuilles est armé de forts piquants ; leur couleur est vert foncé, comme qui dirait l'écorce des lièges ou des troënes.

Si l'on se hisse sur un rocher ou sur les épaules d'un insulaire sakalave pour examiner cet arbre satanique, on aperçoit un cône rond, de couleur blanche et de forme creuse. Ce n'est point une fleur, mais bien une sorte d'entonnoir, de suçoir dans lequel est contenu un liquide visqueux et douceâtre dont les propriétés sont à la fois morphiques et intoxicantes.

Tout autour de ce récipient se hérissent des rejetons de feuilles, à l'état de scions, tortillés comme des serpents et remuant comme s'ils étaient animés. Leur largeur est d'environ 1 mètre 30, et rien n'est plus terrifiant que de voir le frétillement de ces plantes verdoyantes, qui produit une sorte de sifflement fait pour donner le frisson aux plus courageux.

Un arbre pareil à celui-là, transplanté dans notre Jardin d'acclimatation de Paris, ferait la fortune de cette administration.

Je reviens aux Sakalaves et à leur religion superstitieuse. Il y a dix ans, leur reine, veuve depuis dix-huit mois et mère d'un grand et gros garçon, héritier de son père, mit au monde un second fils qui, d'après les lois de la tribu, devait succéder à son père. En Europe, c'est tout le contraire qui se passe, mais à Madagascar les lois héréditaires ne suivent pas le même cours que chez nous. Lambo — c'était l'aîné de Ramatava, la reine-mère — devait mourir dès que son frère Horra viendrait prendre sa place.

Or, la reine adorait son fils aîné. Elle eût donné sa vie pour que son bien-aimé rejeton n'eût pas eu de frère; mais la nature ayant suivi son cours, Horra avait vu le jour.

Quel parti prendre? Le seul qui fût possible, quelque pénible qu'il fût : la fuite. Lambo dit adieu à sa mère par une nuit sombre; et celle-ci, affolée, sans courage, vit s'éloigner son enfant adoré, qu'elle ne devait peut-être plus revoir.

Lambo s'enfonça dans les méandres de la montagne, à travers mille dangers plus terribles les uns que les autres, torrents à franchir, animaux féroces à défier; son but était d'atteindre les confins de la tribu des Hovas et de se rendre au port de Tamatave où faisaient escale les navires venant du monde civilisé, à bord desquels il trouverait un passage.

Après quatre jours de marche, Lambo parvint en vue du port. Devant lui, au lieu de la montagne où la mer déferlait, il aperçut un millier de cases divisées en deux parties : le village malgache sur le bord de l'Océan et le village hova placé derrière le fort.

De nombreux habitants, recouverts de *lambas* et de *sim'bous*, sorte de toges romaines fabriquées avec des cotonnades du pays, circulaient devant les cases et se dirigeaient vers un grand hangar qui était le palais du souverain des Hovas.

Les murs de cette grande case étaient formés de poteaux reliés ensemble par les longues et fortes tiges du *ravenala* (l'arbre du voyageur) serrées les unes contre les autres, et la toiture consistait en feuilles du même arbre, tressées comme de la paille.

Le roi Radama venait d'être élu par ses sujets et donnait audience à son peuple.

— Pourquoi ne demanderais-je pas asile à mon frère? se dit Lambo.

Et il alla droit au palais du souverain des Hovas, lui raconta son histoire et le pria de le garder auprès de lui.

Non-seulement le roi Radama accueillit avec bonté son égal, mais encore il lui donna un emploi supérieur à sa cour et lui fournit les moyens de vivre sur un grand pied dû à son rang.

Lambo se montra fort reconnaissant de l'accueil qui lui était fait et voulant prouver cette gratitude, il se mit entièrement au service de Rosaherina.

La présence des Européens à la cour du grand chef de Tamatave lui fournit l'occasion de montrer son intelligence. C'est lui qui s'aboucha pendant plusieurs mois avec M. Dupré, envoyé par l'empereur Napoléon III pour ratifier un traité de commerce et avec le capitaine Dupré qui appuyait la volonté de la France à l'aide de la frégate *Hermione* et de l'aviso *le Curieux*. Il ne tint pas à Lambo de voir accepter les propositions de la France par son souverain, et si notre alliance ne fut point agréée, c'est à l'influence de l'Angleterre que cette déconvenue doit être attribuée.

Un matin, le roi Radama fut trouvé étranglé sur son lit. La reine Rosaherina, sa femme, n'aimait point Lambo qui dut chercher de nouveau son salut dans la fuite.

Il s'éloigna donc dans le plus bref délai et, au lieu de se recommander au capitaine Dupré qui l'eût volontiers accueilli à son bord, il songea à revoir sa mère et son pays.

Une pareille résolution était de l'imprudence ; mais l'amour de la patrie et de la famille l'emportait sur tous les raisonnements et Lambo s'en alla à travers monts et vallées dans la direction du territoire sakalave.

Un soir, à la tombée de la nuit, quatre ans après son départ, il parvenait à deux portées de fusil du *palais* maternel. Caché sous les arbres touffus d'une forêt voisine, il put voir Ramatava et son frère Horra se promener devant leur habitation pour respirer l'air parfumé. Quand l'ombre fut venue, il s'avança avec les plus grandes précautions vers la case royale, y entra et sauta au cou de celle qui lui avait donné le jour.

— Malheureux ! s'écria la reine, mais c'est la mort que tu es venu chercher ici !

— Soit ! mais au moins je t'aurai revue, mère ; je gémissais loin de toi, chez notre frère.

La pauvre mère eut beau supplier son fils de s'en aller de nouveau ; celui-ci refuse.

— Mon intention n'est pas de m'emparer du trône qui est échu à mon frère d'après nos lois, mais j'entends vivre près de lui, de toi, et respirer l'air qu'ont humé mon père et tous les miens.

— Mais les puissants de notre territoire, les prêtres de notre dieu réclameront l'exécution de la loi, c'est-à-dire ta mort !

— Je leur ferai comprendre que ma mort est inutile ; que c'est un sacrifice odieux à une coutume barbare et anticivilisée.

— Mais si tu ne réussis pas à les convaincre ?

— Je me résignerai à mourir.

Ce qu'avait prévu la mère arriva. Quelques jours se passèrent avant que la présence de Lambo fût connue ; mais, un matin, il fut aperçu par un vieillard très superstitieux et d'un fanatisme sans pareil. Celui-ci alla le dénoncer.

Deux heures après, un groupe de dix guerriers s'emparait de Lambo et le conduisait sur la place publique pour y être jugé.

— Lâche et audacieux ! lui dit le prêtre. Lâche, pour t'être enfui afin d'éviter ta destinée fatale ; audacieux, pour être revenu nous braver.

— Quel crime ai-je commis ? répliqua Lambo.

— Celui de résister à la volonté de nos dieux.

MAJUNGA

Vue de la Ville. — Un Tirailleur sakalave.

Dessin de Raymond Deshays, d'après un croquis de G

— Vos dieux n'existent pas.

— Il blasphème !

— Je raisonne et je dis la vérité.

— Tu vas mourir : ta vie appartient à *Tépé-Tépé*.

Ce mot signifiait le nom de l'arbre anthropophage aux étreintes duquel Lambo allait être fatalement livré.

En vain Ramatava implora-t-elle ses ministres pour obtenir d'eux la vie de son enfant ; ceux-ci refusèrent, croyant être agréables à leurs dieux ; et l'on vit bientôt l'infortuné Lambo, les mains liées par des cordes de palmier, avancer, tout en résistant, au milieu d'une horde de sauvages : on l'entraînait vers l'endroit du pays où s'élevait le *Tépé-Tépé*.

Tout autour de lui, des femmes demi-nues, des Sakalaves enivrés, affolés, poussaient des hurlements sinistres et chantaient des hymnes propitiatoires.

Leurs cris, leurs danses redoublaient autour du pauvre Lambo que l'on poussait des mains et que l'on piquait avec le fer des javelots pour le forcer à avancer.

Quand cette foule sauvage fut arrivée près du *Tépé-Tépé*, les bourreaux hissèrent Lambo sur le sommet de l'arbre et le forcèrent à s'asseoir sur le cône, au milieu des scions qui s'agitaient déjà autour de sa tête.

Le malheureux n'avait pas perdu son sang-froid : il voyait la mort arriver, mais son courage résistait aux premières étreintes.

La foule lui cria *Tiek !* ce qui voulait dire : Bois ! et il prit dans sa main un peu de liquide étrange et sinistre, qu'il porta à ses lèvres.

Un moment après, il se relevait d'un bond. Son visage était transfiguré : on eût dit que la folie s'était emparée de ce jeune homme, si calme d'ordinaire. A peine fut-il debout, les deux pieds dans le creux de l'arbre, qu'il se vit enlacer par les scions du *Tépé-Tépé*. Sa tête, son cou, ses bras furent serrés comme dans des étaux de fer ; son corps fut de même enlacé par ces serpents végétaux.

C'était un nouveau Laocoon devenant la proie des boas qui vont le dévorer.

A ce moment suprême, les grandes feuilles du *Tépé-Tépé* se redressèrent lentement, comme les tentacules d'une énorme pieuvre ; venant à l'aide des scions placés autour du cœur de l'arbre, elles étreignaient plus fortement la victime, si odieusement sacrifiée. Ces grands leviers s'étaient rejoints et s'écrasaient l'un l'autre et l'on vit bientôt suinter à leur base, par les interstices de l'horrible plante, des coulées d'un liquide visqueux, mêlé au sang et aux entrailles de la victime.

A la vue de cet odieux mélange, les sauvages Sakalaves se précipitèrent sur l'arbre, l'escaladèrent en hurlant et, à l'aide de noix de cocos, de leurs mains disposées en creux, recueillirent ce breuvage de l'enfer qu'ils buvaient avec délices.

Ce fut alors une épouvantable orgie, suivie de convulsions épileptiques et enfin d'une insensibilité absolue.

Lorsque l'arbre anthropophage eut achevé son repas, quelques heures après le moment où la victime lui avait été livrée, il ne restait plus du corps de Lambo que des ossements broyés et des nerfs desséchés.

Les grandes feuilles s'étaient détendues, les scions voltigeant toujours et le cône intérieur de l'arbre rejetait sa liqueur visqueuse, âcre et intoxicante.

La malheureuse mère de Lambo était folle, mais son fils Horra régnait sur les Sakalaves. »

Décembre 1886.

RELIGION ET SUPERSTITIONS

Le Serment du sang. — Le Tanghin. — Le Mampila.

Parmi les coutumes de Madagascar, il en est une, en usage dans l'île entière, qui est admirable et respectée par les provinces de l'intérieur aussi bien que par les peuplades de la côte : c'est le serment du sang (fatidrah).

Jamais ce serment n'est violé, et la parenté d'occasion qui s'établit, après ce pacte, entre deux frères de sang, est plus sûre que la parenté naturelle. Les contractants peuvent compter sur le dévouement le plus absolu.

Cette cérémonie se fait ordinairement, avec une simplicité touchante en présence des notables du village, par un vieillard qui fait une légère coupure au bras des contractants, recueille quelques gouttelettes de leur sang sur de petits morceaux de gingembre dont ils font l'échange et qu'ils avalent ensuite.

A partir de ce moment le sort des deux frères de sang est lié.

Plus les participants sont riches, plus la cérémonie a d'apparat. Quand le pacte se conclut entre un indigène et un blanc, l'officiant, placé au milieu des invités, se fait apporter un vase d'eau très claire, un couteau, une baguette de fusil et une sagaie.

Il fait tenir la sagaie et la baguette, dont les pointes plongent dans le vase, par les deux contractants, leur fait une incision au bras ou à la poitrine au moyen de son couteau ;

le sang qui en découle rougit l'eau et le breuvage ainsi mélangé est bu par les deux frères qui s'embrassent et sont liés à jamais.

L'eau claire du vase représente la pureté des intentions; le mélange du sang, la fusion des êtres; la baguette du fusil et la sagaie, l'attente d'un secours mutuel dans la communauté des armes.

Le serment du sang est très utile aux trafiquants européens auxquels il offre une sécurité, une espèce de sauf-conduit dans des peuplades souvent peu hospitalières.

Les fatidrahs, contractés par les rois ou chefs de tribus, entre eux, ou avec des *vazas* (étrangers) de distinction, ont un grand caractère de solennité religieuse et donnent lieu à d'imposantes cérémonies.

M. Leguével de Lacombe, qui a fait plusieurs voyages à travers Madagascar et contracté souvent le serment du sang, raconte en ces termes une de ces cérémonies qui ont lieu sur la côte orientale de l'île, dans un village de la province de Bétanimena :

« Un vieillard presque septuagénaire, ancien ministre du chef d'Andevourante, remplissait les fonctions de prêtre et de magistrat. Il prit donc son *seidik* (un rasoir) et deux petits morceaux de *sakarivo* (gingembre), une balle, une pierre à fusil et du riz en herbe, puis il mêla à tous ces objets quelques grains de poudre qu'il prit dans sa corne de chasse. Après avoir déposé sur la natte qui couvrait le plancher le rasoir et le gingembre, il mit le reste dans un bassin d'eau limpide qu'un esclave venait d'apporter. Prenant ensuite deux sagaies des mains d'un officier du chef, il plongea la plus grande dans le bassin et l'appuya au fond du vase. Il se servit de l'autre sagaie pour frapper sur le fer de la première, comme les nègres sur un tamtam en prononçant la formule du jugement.

« Il me demanda plusieurs fois, ainsi qu'à mon futur parent, si je promettais de remplir tous les engagements que ce serment m'imposait; sur une réponse affirmative, il nous prévint que les plus grands malheurs retomberaient sur nous, si nous venions à y manquer. Puis il prononça les conjurations les plus terribles, en évoquant *Angacth*, le mauvais génie. Ses yeux s'animèrent par degrés et prirent une expression surnaturelle lorsqu'il nous dit, d'une voix sonore et fortement accentuée : « Que le caïman vous dévore la langue, *abelavouai !* (imprécation très commune dans la langue des Malgaches; ils la font suivre ordinairement du mot *Lafiai*, juron qui paraît avoir été importé par les Arabes); que vos enfants soient déchirés par les chiens des forêts; que toutes les sources se tarissent pour vous et que vos corps abandonnés aux *vuroundules* (orfraies) soient privés de sépulture, si vous parjurez. » Cette première partie de la cérémonie terminée, le vieillard fit à chacun de nous une petite incision au-dessus du creux de l'estomac, imbiba les deux morceaux de gingembre du sang qui coulait et donna à avaler à chacun de nous celui qui contenait le sang de son frère. Il nous fit boire aussitôt après, dans une feuille de ravénala, une petite quantité de l'eau qu'il avait préparée. En sortant, pour me rendre à un banquet de rigueur servi sur le gazon, nous reçumes les félicitations de la foule qui nous entourait. »

.˙.

A l'exception de ceux qui se sont convertis au catholicisme ou au protestantisme, les indigènes de Madagascar n'ont aucun culte bien défini, ni aucune foi bien caractérisée et leur religion, qui se base sur le fétichisme, c'est-à-dire dans des superstitions honteuses et grossières, change suivant les sectes et les provinces.

Les Malgaches n'ont ni temples, ni statues. Ils attribuent aux requins et aux caïmans des pouvoirs surnaturels. Les dents de ces monstres sont conservées comme des reliques précieuses. Ils adorent des amulettes et certains animaux et font de nombreux sacrifices pour apaiser les mauvais génies et les sortilèges dont ils ont la crainte.

Ils croient néanmoins à l'existence d'un être suprême, près duquel les âmes des *ranzanes* (ancêtres) se réfugient. Ils font des offrandes de riz et sacrifient des animaux sur leurs tombeaux.

Les *Sikidis*, prêtres malgaches, jouissent d'une autorité incontestée. Considérés comme devins, ils ont développé l'esprit superstitieux des indigènes et imaginé d'effroyables tortures dont la plus ignoble, celle du Tanghin, détruisit plus de cent mille individus.

Le Tanghin est le plus puissant poison de la flore malgache ; il a été le plus terrible agent employé par les Hovas pour établir leur domination sur les tribus malgaches.

Les malheureux, accusés de sorcellerie ou de complot, étaient soumis à l'épreuve du Tanghin, c'est-à-dire à l'absorption de ce breuvage que leur présentait le prêtre. Ils étaient reconnus innocents si l'estomac rejetait le poison, ce qui était excessivement rare et ne les empêchait pas d'endurer les plus cruelles souffrances, les laissait longtemps malades et souvent leur faisait perdre la raison.

« Le tanghin est un arbre de la famille des apocynées, dit M. Macquarie, qui peut être confondu, au premier abord, avec le frangipanier des jardins de nos colonies ; il en diffère par la couleur de sa fleur et par son mode de fructification ; ses feuilles, d'un beau vert, sont de la forme d'un fer de lance et ses rameaux, qui laissent couler aux moindres blessures un suc épais, verdâtre et très corrosif, se terminent par de beaux bouquets de fleurs, rappelant, avec une coloration plus douce, les fleurs d'un laurier-rose : ses fruits, verts d'un côté et rougeâtres de l'autre, sont piriformes et de la grosseur d'une pêche ; ils renferment, au milieu d'une pulpe épaisse, un noyau dur et coriace au centre duquel se trouve l'amande servant aux épreuves judiciaires. Cette amande constitue un poison narcotico-âcre des plus subtils qui provoque la mort en agissant sur le système nerveux et en paralysant les muscles. Bien que la plupart des voyageurs aient prétendu le contraire, cet arbre est répandu sur tout le territoire de la grande île africaine : Le voa-tanghing, très rare dans certaines provinces, existe dans les plus sombres forêts de l'intérieur aussi bien que dans les bois clairsemés des bords de l'Océan où il végète à l'état d'arbrisseau, dans les endroit où il croît à l'abri des vents il atteint de belles proportions et constitue un fort bel arbre. Jamais les oiseaux ne se reposent sur ses branches ; jamais une abeille ni un papillon ne se posent sur ses belles fleurs roses veinées de lilas ; jamais aucun nid de fourmis dans l'entrelacement de ses racines. Cependant, il existerait, suivant M. Colin, sur le bord des rivières où cet arbre se plaît assez, une petite espèce de crabe qui mange les fruits du tanghin. »

« On peut se faire une idée, a écrit M. Barbier du Bocage, de cette justice épouvantable et des désastres qui en sont la suite, quand on sait que la dose de poison que doit avaler le patient est entièrement à la discrétion du juge, et que ce dernier partage, avec le délateur et le chef du gouvernement hova, les biens de la victime, si elle est reconnue coupable, c'est-à-dire si elle meurt.

Radama, sollicité un jour par des Européens pour faire cesser dans ses états ce terrible fléau, répondit à ceux qui le sollicitaient : « Trouvez-moi un impôt, qui comme celui-ci, remplisse mes coffres et fournisse aux besoins de mon armée. » Malgré cette parole cruelle, ce prince fit quelques efforts pour faire cesser l'emploi du tanghin ou du moins pour qu'il fût moins fréquemment mis en usage; mais, sous son successeur, la reine Ranavalo, ce poison n'est plus seulement employé pour éprouver les accusés ou punir les coupables. Il sert à tous propos. Ainsi, pour citer un fait entre mille, ce *Caligula femelle,* voulant un jour avoir auprès d'elle comme chanteuses ou danseuses, un certain nombre de jeunes filles de neuf à dix ans du pays d'Anossi, fit prendre les trente-quatre plus belles qu'on put découvrir dans cette contrée.

« Toutefois, comme elles pouvaient avoir de mauvaises intentions à son égard, avant de les laisser pénétrer en sa présence, elle ordonna qu'on leur fît subir l'épreuve du Tanghin. Le nombre qu'elle avait primitivement demandé put à peine être complété et dans qu'elle était ! Sur trente-quatre, dix-huit étaient mortes sur le champ dans d'affreuses tortures; une dix-neuvième eut assez de force pour en relever, mais elle fut aussitôt tuée à coups de pierres, n'étant pas considérée comme assez pure pour approcher de sa souveraine. »

Chez les peuples du Sud ce système de torture, appelé justice, est remplacé par les caïmans. L'accusé, conduit devant l'îlot, qui sert de repaire à ces sauriens, doit y plonger trois fois. S'il échappe à la dent de ces montres, il est reconnu innocent

La cérémonie du *Mampila* ou horoscope, était certainement aussi barbare; elle n'existe heureusement plus aujourd'hui. M. Leguevel de Lacombe en fait le récit suivant :

« A Madagascar, la naissance des filles ne donne lieu à aucune réjouissance, cet évènement paraît produire au contraire un sentiment pénible sur tous les membres de la famille. Si c'est un garçon, l'allégresse est générale, après toutefois que les parents ont consulté l'*ombiache,* astrologue et médecin, qui décide s'il doit vivre ou mourir, car s'il était né dans une heure ou un jour malheureux, il serait, ou précipité dans une rivière, ou exposé dans une forêt ou enterré vivant; malheureusement pour les Malgaches, leurs astrologues reconnaissent un grand nombre d'heures et de jours malheureux. Le père du nouveau-né, entouré de ses proches amis et aidé par l'ombiache, plante en terre sa plus belle sagaie, ornée de guirlandes de feuillage, à la tête de la natte où l'enfant repose; l'ombiache s'en approche avec son mampila, tire l'horoscope, et la famille attend avec anxiété le résultat de ses calculs cabalistiques. Le mampila est une planchette, avec des bords élevés, divisée en quatre parties de différentes couleurs, par des lignes d'un angle à l'autre. Elle est couverte d'une légère couche de sable fin, sur laquelle l'ombiache trace des caractères arabes, en murmurant des paroles mystiques, parmi lesquelles revient souvent le mot *zan* (enfant). Cependant on suspend au cou du nouveau-né des *fanfoudes* pour le préserver des *mouchaves* que les agents du mauvais génie devaient répandre autour de sa natte. Si l'arrêt de l'ombiache est favorable, tous les assistants sont invités à un banquet, que terminent des danses guerrières ou *mitava* »

Si au contraire, l'arrêt était défavorable, l'enfant était déposé sur les bords d'une rivière à la merci des caïmans, ou exposé sur le passage d'un troupeau de bœufs.

Beaucoup de mères préféraient s'enfuir dans la forêt où elles abandonnaient leur nouveau-né à la charité des passants.

Cette coutume, qui fut abolie sous le règne de Ranavalo-Manjaka, existe encore sur la côte occidentale et chez les tribus du Sud, qui ont conservé une certaine indépendance.

Les naturels de ces contrées, si la naissance de leurs enfants tombe un jour *fadi*, les tuent à coups de sagaie.

Décembre 1886.

MŒURS ET COUTUMES

Le Mariage. — La Justice. — La Sagaie d'argent. — Les Sauterelles.

Le mariage se célèbre de plusieurs manières qui varient suivant les provinces.

Chez les malgaches, cette cérémonie est d'une grande simplicité. Au contraire de la coutume européenne, la fiancée n'apporte point de dot; c'est le futur qui offre à ses beaux-parents des cadeaux en rapport avec sa fortune. Ces derniers tuent un bœuf qui est cuit et mangé sur place par les membres des deux familles, et l'union est ainsi contractée.

Les invités souhaitent aux jeunes époux, le plus d'enfants possible, mais surtout des garçons.

Dans certaines tribus, le père de la fiancée brise simplement un bambou, plus il y a d'éclats, plus on augure d'années de bonheur parfait.

C'est de cette façon que je consacrai mon union avec une jeune Malgache de la côte des Betsimsarakas, que j'achetai vingt-cinq francs. Le bambou se brisa net ce qui indiquait deux années de bonheur. Effectivement deux ans après je devais rentrer en France et abandonner ma compagne, au moment où, parfaitement au courant des coutumes européennes que je lui avais inculquées, elle était devenue une bonne ménagère, une excellente cuisinière et une digne épouse.

L'horoscope n'y était pour rien, mais mon mariage avait duré deux ans !...

Chez les Sakalaves le mariage, jusqu'à la naissance du premier né, n'est qu'un concubinage. L'enfant consacre l'alliance définitive des époux, sans qu'il soit besoin d'une

Pl. XV

BŒUF-CHEVAL PRÊT A ÊTRE MONTÉ

Dessin de Raymond Deshays, d'après une photographie.

autre sanction, religieuse ou légale. Dès ce moment la communauté des biens s'impose. De grandes réjouissances ont lieu ainsi que des festins et de nombreuses actions de grâces sont rendues aux dieux.

Le Sakalave chérit les enfants, recherche la paternité et, si son concubinage ne le rend pas père, il se met en quête d'une autre femme. Sa compagne délaissée recommence de nouvelles tribulations jusqu'à ce que Dieu ayant exaucé ses vœux en la rendant mère, elle trouve un mari.

Chez les Hovas, le mariage a un caractère de légalité. De même que le divorce et les autres actes publics, il se conclut par le *hasina* ou don d'argent au souverain ou à son représentant. Les convertis au christianisme le font suivre d'une cérémonie religieuse.

La polygamie existe et l'homme peut posséder plusieurs femmes si ses ressources lui permettent de leur assurer l'existence.

Le nombre d'épouses est cependant limité suivant les dignités et conditions, et sous Radama, le nombre de femmes autorisé pour le souverain était de douze; il en prit onze.

En général les hommes recherchent la paternité et les femmes sont de très-bonnes mères.

Les enfants se montrent bons et affectueux pour leurs parents, et il est d'usage lorsque le fils aîné arrive à l'âge d'homme qu'il fasse cadeau à sa mère d'une pièce de monnaie en souvenir de l'époque où, attaché dans la pagne du dos, elle le portait sur ses épaules. C'est ce qu'on appelle le *fonfud-amassi*, le souvenir du dos.

L'enfant, en effet, tant qu'il ne peut marcher est enroulé dans une pagne et porté sur les épaules, le dos ou les hanches de sa mère.

C'est une marque d'inconduite que d'atteindre l'âge de l'adolescence sans être marié. Les célibataires, très rares du reste, sont un objet de mépris public.

Les vieillards riches épousent très souvent les veuves pauvres pour en adopter les orphelins. Que ne sommes-nous un peu plus malgaches à cet égard !

.˙.

De toutes les institutions en usage à Madagascar, la justice seule possède une organisation sérieuse. Elle fonctionne dans tout le royaume, au nom de la reine, et se rend par les *andrian-ambavanti*, seuls agents royaux du Gouvernement.

Ces agents sont en quelque sorte des juges de paix, dont le pouvoir, passablement étendu, ne permet cependant pas, dans les cas très graves, de sévir sans la sanction de la reine.

Ils rendent leurs jugements sur la place publique et de vive voix.

C'est en présence de ces magistrats que se font tous les marchés. Le plus intéressé des contractants offre à la reine ou au juge la pièce d'argent *(hasima)* pour que l'autre n'ait pas le temps de revenir sur son marché et d'attaquer la sentence. En effet, dès que le hasima a été offert, les transactions deviennent obligatoires.

En général, la législation madécasse est un mélange très confus d'usages et de coutumes contradictoires qui prêtent à l'arbitrage et excitent la cupidité des juges.

. .

La sagaie d'argent, *tsitia-lenga* (qui n'aime pas le mensonge) ne peut être déplacée qu'avec l'autorisation de la reine ou du premier ministre. Elle est portée par trois personnes devant la porte de l'accusé, lequel, si le délit est grave, est garotté et emmené immédiatement, ou, dans le cas contraire, est prévenu du jour où il devra se présenter devant les juges.

Chaque fois qu'un naturel a un crime à dénoncer, ou une contestation grave avec un autre habitant, il demande au juge la sagaie d'argent.

* *

Les sauterelles qui viennent de la côte d'Afrique s'abattre sur l'île par vols immenses, qui ont quelquefois plusieurs kilomètres de long, sur deux mètres d'épaisseur, et obscurcissent le ciel, ne sont pas un sujet de désolation pour le peuple de Madagascar, malgré les dégâts qu'elles causent aux récoltes.

En effet, dès qu'une légion de ces criquets s'est abattue sur une contrée, les habitants, munis de toutes sortes d'ustensiles, se précipitent hors de leurs demeures, avec tous les signes d'une joie délirante et font une ample provision.

Le madécasse est très friand de ce mets, qui, sans être des plus délicats, est assez agréable.

Les sauterelles sont mises dans d'énormes marmites, avec un peu d'eau et cuites à l'étuvée.

Dépouillées ensuite de leurs pattes, dont on ne tire aucun parti, elles sont ou grillées ou frites. J'ai eu la curiosité de goûter à ce mets et je dois déclarer à la vérité, que quoique lui préférant une bonne grive, bardée de feuilles de vignes, il a un goût de noisette très agréable.

Je vois sourire quelques-unes de mes lectrices !... eh bien, supposez un instant que vous serviez un plat d'escargots à un malgache, le nègre, mangeur de sauterelles, exprimera le même étonnement que le blanc, mangeur d'escargots. Il n'y a pas plus de raison de manger l'un que l'autre.

Les sauterelles, cuites à l'étuvée, sont étendues sur des nattes, séchées au soleil et peuvent se conserver très longtemps.

Janvier 1887.

LES HABITANTS

Les différentes Tribus. — Les Femmes et la débauche. — La langue malgache.
Les Kabars.

Parmi les nombreuses tribus qui habitent la grande île africaine, les principales
sont :

Au Centre : les Betsileos, les Antsianaxes, les Bezanzons, les Hovas, les Andrataies,
les Machicores.

Au Nord : les Antancars, les Sikanadas.

Au Sud : les Mahafales, les Ampatris, les Caremboules, les Antanasses.

A l'Est : les Antatchimes, les Bétanimènes, les Betsimiosaracos, les Ambanivoules
les Antavarts.

A l'Ouest : les Sakalaves, les Buques.

A travers ces nombreuses tribus, on distingue trois races particulières et carac-
téristiques : les Hovas, les Malgaches et les Sakalaves.

Les Hovas, types malais conservés jusque dans toute leur pureté, ont la taille moyenne. le corps bien pris, les cheveux gros et longs, les yeux fendus en amande, les pommettes saillantes, la bouche petite et les extrémités fines, ainsi que les attaches articulaires.

La femme hova n'est pas jolie, mais c'est un type gracieux à la taille svelte et élancée et, pour peu que l'on se soit accoutumé à ses grands yeux qui sont fort beaux, à ses lèvres assez épaisses, à son nez très légèrement épaté, à sa coiffure variée, originale, elle paraît agréable.

Ses cheveux noirs abondants et longs, sans lustre et un peu gros, divisés en de nombreuses nattes, très serrées, ramenées en arabesques, sont toujours enduits d'une graisse jaune, épaisse, gluante et puant le rance.

La femme qui se coiffe quotidiennement passe une grande partie de la journée à ce travail, mais la plupart d'entre elles ne procèdent à ce soin que tous les quinze jours, avec le concours d'une amie ou domestique, qui profite de l'occasion pour faire la chasse aux parasites, souvent nombreux, qui ont élu domicile dans leur chevelure.

Les jours de grandes fêtes toutes les nattes sont défaites et la chevelure laissée libre sur les épaules est ou nattée par derrière ou roulée en chignon.

Lorsque la femme hova a le bon goût de ne pas s'affubler de costumes européens, elle est reellement élégante et assez gracieuse, malheureusement elle montre un goût très prononcé pour les chapeaux, les robes et quelquefois les corsets qu'elle troque facilement contre son *akanjo,* chemise qui se porte sur le jupon, et son *lamba,* qui lui sied à ravir, surtout lorsque ramené sur la tête, il lui encadre le visage.

Beaucoup ont le corps admirable, les reins très cambrés, les hanches bien marquées, les jambes fines et rondes et peu de ventre.

Au contraire des hommes, qui croupissent dans la paresse, elles sont très travailleuses et très habiles dans la couture, la culture des terres et la récolte des moissons. Ce sont elles qui, aidées de leurs esclaves, procèdent à tous ces travaux.

D'aucuns prétendent que les femmes hovas sont blanches, pour s'en assurer, il ne faut pas voir les femmes *hovas... de nuit !*

Les Malgaches sont plutôt petits que hauts de taille, mais il sont bien découplés et portent avec aisance le costume européen. Ils s'habillent de préférence en noir, la tête couverte d'un chapeau melon de même couleur.

La femme malgache, que j'ai déjà dépeinte, est très douce, et, guidée par l'Européen, elle est susceptible de faire une excellente femme de ménage.

Il est bien rare lorsqu'elle conserve sa virginité jusqu'à dix ans; à seize ans, elle est complétement épanouie et se fane entre vingt-cinq et trente ans. La maternité en général ne la déforme pas, et Dieu sait si la chose est fréquente. Vers la trentaine la poitrine s'amollit, s'allonge, les tétines deviennent flasques, les formes s'épaississent et se rident.

La plupart des femmes ne connaissent ni la pudeur ni l'amour. Elles pêchent nues dans les marais et se soucient peu d'être surprises par un passant. Elles s'offrent ou se vendent la plupart du temps.

La fidélité conjugale et la pudeur chez ce peuple étant des vertus peu appréciées, il n'y a jamais de drame passionnel. L'amour n'existant pas, la jalousie est inconnue et le mari ne se met en colère que lorsqu'il désire une plus grande indemnité pécuniaire.

Il n'y a jamais déshonneur ou scandale, cela se fait tout naturellement.

Les filles mères se marient aussi facilement que les autres, aussi, dès leur plus tendre enfance, garçons et filles folichonnent à qui mieux mieux, ce qui n'empêche pas celles-ci, lors de leur mariage, de se parer de la couronne de fleurs d'orangers.

La femme malgache ne reconnaît pas l'homme auquel elle s'est livrée; elle n'a même pas un regard pour lui, si elle le rencontre le lendemain.

* *

Les Sakalaves sont grands, gros, musculeux, au nez épaté, aux lèvres épaisses, ils tiennent de l'Arabe et de leurs voisins de la côte d'Afrique, les nègres Mamacouats.

Les femmes sakalaves sont laides et sales; elles vieillissent plus vite que leurs compagnes du pays des Betsileos et de l'Imérina; vieilles, elles ont un aspect repoussant.

Dans tous les villages, c'est une véritable débauche, surtout sur la côte ouest, depuis longtemps fréquentée par les Européens et Créoles qui se livrent à une vie de paresse. Ce dérèglement dans les mœurs est certainement l'œuvre des colons.

Sur cette côte, dit M. Macquarie « le navire marchand n'a pas encore jeté l'ancre dans la baie ou à l'embouchure de la rivière, que déjà il se trouve entouré par une flotille de pirogues chargées de jeunes filles du plus jeune âge. Les hommes de l'équipage se les partagent. Chose remarquable, la jeune fille, qu'un marché honteux livre au matelot, se comporte, pendant la durée de cette union des plus passagères, comme une véritable épouse : elle respecte cet époux de hasard, se plie à ses volontés, veille à ses besoins et pourvoit à sa nourriture. Leur conduite dans ces circonstances prouve combien sont à plaindre ces malheureuses filles jetées en pâture au libertinage des blancs. »

Les maladies contagieuses sont très répandues chez les indigènes et sont une source de dangers constants et souvent très graves pour les Européens.

* *

En résumé, dans toute l'étendue du pays madécasse, les femmes sont faciles et extraordinairement lubriques avec le blanc.

A Tananarive, les rues privées de réverbères sont sillonnées de formes blanches qui s'en vont frapper aux portes comme en visite et viennent s'offrir.

Avec un verre d'absinthe, de cognac ou de rhum et un peu d'argent, la visiteuse reste jusqu'à l'aube.

Elle entre sans se faire annoncer. — Je viens te visiter ! On sait ce que cela veut dire. Et ces mœurs sont tellement admises que la plupart des dames de la cour les pratiquent. Au sortir de l'église le soir, elles se rendent chez l'amant d'occasion qu'elles ont choisi. Grandes dames le jour, considérées et adulées ; filles publiques la nuit, éhontées, acceptant une minime pièce d'argent.

Pour cinquante francs par mois, on peut s'assurer les faveurs d'une dame de haute noblesse, nonchalante, indolente, indifférente, ignorante, passive à la douleur comme au plaisir.

Cette femme, qui a un mari, des enfants, un grand train de maison, qui entretient des domestiques ou esclaves, n'a aucune dignité et sa cupidité est tellement grande que pour un écu elle se fait même conduire en filanzane chez le citoyen de son choix. Sa seule crainte est d'être rencontrée à sa rentrée à l'aube, ce qui lui laisserait de la déconsidération. Elle rase les murs, enveloppée dans son lamba et rejoint son époux qui dort du sommeil du juste.

Nos troupiers qui ont fait partie de la garde d'honneur à Tananarive, peuvent se flatter d'avoir été sollicités par la population féminine hova.

.*.

En outre de ces trois races très saillantes et bien distinctes, et pour effacer le dégoût que vous laissent le libertinage et la lascivité des femmes ou mieux des femelles madécasses, il est bon de citer la tribu des Antakares, qui ont beaucoup d'analogie avec les Sakalaves et sont aussi des guerriers dont le concours nous a été précieux en 1884.

En effet, le 5 décembre, l'amiral Miot avait formé, avec ces indigènes, une colonne de neuf cents hommes, encadrée par trois cents Français, qu'il dirigea sur le second fort de Vohémar, situé au Sud de la route de l'intérieur.

La prise de cet ouvrage était absolument nécessaire pour le dégagement complet de Vohémar.

Encadrés dans une troupe solide, les Antakares se sont conduits d'une façon admirable.

Après quinze heures d'une marche pénible, la troupe est arrivée en vue des positions hovas. A un signal, les Antakares se sont précipités comme un ouragan sur les retranchements ennemis qu'ils ont forcés. Les Hovas ont essayé, mais en vain, de faire usage de leur artillerie : le combat s'est engagé corps à corps et les ennemis culbutés étaient mis en fuite après avoir laissé dans le fort environ deux cents tués et cinq pièces de canon.

Cette brillante victoire, due au courage sauvage des Antakares, à leur acharnement bestial contre leurs ennemis séculaires, montre de quelle ressource pourraient être pour nous ces peuplades guerrières du littoral.

Cette journée ne nous coûta que deux blessés.

Vohémar, qui fut ainsi entièrement arraché aux Hovas, est un des ports importants de Madagascar. C'était un des points principaux pour la sortie du bétail.

Les Antakares ont un moyen bizarre pour engraisser les bœufs. Ils placent l'animal dans une fosse creusée dans la terre. La bête peut à peine se remuer, elle est à l'abri de la pluie et du soleil par un toit de chaume placé au-dessus de la fosse, et nourrie abondamment avec de la farine de manioc et de l'herbe fraîche. Trois mois de ce régime suffisent à rendre le bœuf si gros et si gras qu'on éprouve des difficultés à le sortir de la fosse et que bien souvent on l'abat et le détaille sur place.

. * .

La langue malgache est évidemment un mélange d'un idiome malais que les Hovas ont, avec les siècles, fait admettre aux vrais naturels. Elle est très remarquable, à terminaisons en *a*, *i*, *o*, qui la rendent très harmonieuse par le fait même de cette abondance de voyelles sonores.

Elle est riche en images saisissantes, en expressions colorées qui, au moment opportun, si elles sont dites par un orateur éloquent et habile, impressionnent l'auditoire et l'entraînent.

Elle comporte une foule de synonymes qui servent à mieux exprimer la force de persuasion et les nuances de la pensée.

Le langage est fertile en termes spéciaux et d'une grande concision.

En un mot, la grammaire est des plus simples. Le verbe *être* n'existe pas : on le remplace par un mode de structure particulier de la phrase.

L'écriture est restée longtemps inconnue dans la grande île et les Arabes y ont introduit petit à petit leur alphabet et leur littérature. On en sent aujourd'hui l'influence, mais il n'en est pas moins vrai que cet alphabet, qui ne pourrait rendre certaines prononciations, a fait place à l'alphabet européen et aujourd'hui les caractères latins sont adoptés par les indigènes.

La traduction du malgache par équivalents en mots français est assez pénible et nécessite l'emploi de nombreuses périphrases.

En effet, on est étonné des idées complexes qu'expriment la plupart des mots composés. Beaucoup de particules explétives, d'enclitiques et d'affixes. Pas de genres, ni de nombres, ni cas, ni flexions de déclinaisons, ni distinction de substantifs et qualificatifs ; les formes absentes se remplacent facilement par la nomenclature des mots très nombreux. Comme exemple, je cite au hasard ces deux mots : *Saatsiananapiouvanana*, qui signifie : lieu charmant qui ne changera jamais et *Andriamasinavalona*, qui veut dire : noble de second ordre ou rang.

Je conseille aux personnes bègues l'exercice quotidien, durant un mois, de ces deux mots composés, et je suis persuadé que leur infirmité disparaîtra sans esprit de retour.

Le Malgache n'a pas conservé son histoire, et sa littérature, à l'exception de beaucoup de fables assez enfantines et de nombreux proverbes, ne comprend que des chansons de noces ou de funérailles.

Quoique facond, il est plein d'éloquence naturelle et d'imagination ; c'est un parleur infatigable qui se complait dans les luttes oratoires et les nombreux *kabars* lui fournissent souvent l'occasion d'exercer son talent.

Qu'elles soient d'un intérêt public ou privé, toutes les réunions du peuple, à Madagascar, s'appellent des *kabars*.

Ces assemblées sont absolument entrées dans les mœurs et aucune peuplade ne s'y soustrait.

Il y a les assemblées publiques et les assemblées secrètes : ces dernières ont lieu la nuit, dans les endroits écartés, en pleine forêt, quand il s'agit de guerre ou de paix entre villages. C'est de ces kabars, à la faveur des ténèbres, qu'éclatent les révoltes contre le joug du plus fort.

Dans ces réunions, l'ordre est parfait et le silence absolu. Les plaideurs s'accroupissent les uns en face des autres et chacun à son tour fait le récit détaillé de sa vie. Il parle sans être interrompu au milieu de l'attention courtoise et profonde des assistants. De son côté, il observe la plus grande convenance.

Chez les Sakalaves, ce sont les plus anciens de la tribu qui rendent la justice.

Les plaignants, introduits dans le cercle, plaident leur cause et les vieillards décident sommairement et sans appel.

Si la condamnation à mort est prononcée, elle a lieu immédiatement à coups de sagaies. Cette condamnation peut s'appliquer aux traitants européens, mais, pour ces derniers, la peine capitale se convertit toujours en amende qu'ils paient en marchandises.

UN COIN DU LAC RASSOUABÉ

D'après une aquarelle de Ch. Ra.

Rien de plus curieux que ces assemblées qui ont toujours lieu devant le tombeau des ancêtres. Elles présentent toutes un caractère pittoresque et solennel.

C'est surtout dans la province de l'Ankove, du côté de Tananarive, que le peuple tient avec le plus de gravité les grandes assemblées nationales et prend solennellement ses décisions.

Février 1887.

LES MALADIES

La fièvre palustre. — L'accès pernicieux. — La dysenterie. — Les insolations.

De toutes les maladies qui affligent la terre de Madagascar, c'est incontestablement la fièvre qui cause le plus de victimes et ce n'est pas sans raison que les Hovas l'ont appelée leur fameux général *tazo* (fièvre) qui, avec son collègue *azo* (forêt), arrête plus sûrement l'envahissement européen que tous les soldats de Ranavalo réunis.

Dans toutes nos expéditions contre la grande île, la fièvre a impitoyablement décimé nos effectifs, et ce n'est pas sans une poignante émotion que je me rappelle les derniers devoirs rendus aux camarades qui, en pleine jeunesse, sont tombés à Majunga, Vohemar, Antiorana, Amboanio, Diégo-Suarez, Tamatave, etc.

Tamatave est assurément l'endroit le plus màlsain des côtes et, en 1885, aux mois de novembre et décembre, lorsqu'on répartissait le service des avant-postes, c'est à peine si on trouvait par compagnie vingt hommes réellement valides pour prendre la garde. Les moins fiévreux se dévouaient, cependant les compagnies sur le pied de guerre, avaient été formées à l'effectif de 250 hommes ; elles étaient au nombre de six pour l'infanterie de marine.

Nous avions cinq ou six décès par jour, et notre seule préoccupation était de nous procurer des fleurs pour tresser des couronnes aux malheureux compagnons qui allaient dormir leur dernier sommeil sur cette terre inhospitalière, nous demandant si notre tour ne viendrait pas demain.

Tout le corps expéditionnaire fut atteint par la fièvre et bien peu y échappaient. De tout notre bataillon, un seul n'en connut pas les atteintes, ce fut un de mes compatriotes, Gatchiné de Bart, ce qui ne l'empêcha pas, bien plus tard, à sa rentrée en France, d'en ressentir les symptômes.

Quoique de constitution très ordinaire, j'ai rarement observé un sujet plus intrépide et un plus parfait *débrouillard*.

Apprenant que j'étais volontaire pour l'expédition, il voulut me suivre et se fit verser dans ma compagnie comme perruquier, profession qu'il n'avait jamais exercée, puisque je crois qu'il était ouvrier de fabrique dans la confection des fourchettes et des cuillères en fer blanc. Je me souviendrai toujours du dévouement de ce garçon, lorsqu'à mon tour, je fus terrassé par la fièvre, atteint par la dysenterie et dans un état de complète anémie. C'est lui qui fit cuire mon premier bifteack à ma sortie de l'hôpital et me procura la bouteille de Bordeaux qui commença ma convalescence.

Avec quel plaisir nous nous entretînmes du pays ! Il fit part de mon arrivée aux compatriotes qui vinrent me serrer la main. Nous étions dix-huit franc-comtois au départ : il s'en présenta cinq, trois étaient morts, les autres avaient été évacués sur les hôpitaux comme blessés ou fiévreux.

Ainsi que je l'ai déjà dit, l'indigène lui-même est sujet à la fièvre et y résiste moins bien que l'Européen. Les prisonniers que nous fîmes dans les garnisons côtières nous en ont fourni une preuve très convaincante. Ils étaient littéralement minables. Cela tient assurément à la pauvreté de leur ordinaire et je suis absolument convaincu qu'une nourriture saine et copieuse permet à l'homme de résister et de s'acclimater. Les vieux colons de Madagascar qui habitent les côtes depuis trente ou trente-cinq ans, sont parfaitement acclimatés, quoique sujets à des accès intermittents qui les prennent de temps à autre et durent huit jours. Ils font usage de la quinine sans s'inquiéter davantage. On les appelle des *quini-nomanes.*

On désigne sous les noms de *fièvres palustres, d'infection paludéenne* ou *malaria*, tout un ensemble de phénomènes morbides qui surviennent chez les individus habitant des pays marécageux, et la France, à une certaine époque, a été désolée par les victimes qui, chaque année, étaient frappées par les fièvres paludéennes, dans les Landes, les Charentes, la Sologne, etc.

On n'en parle plus aujourd'hui et l'on ne s'imagine pas que, pour édifier le superbe palais de Versailles, nos rois ont dû faire dessécher tout ces marais et, qu'à deux pas de Paris, il est mort des centaines de mille individus pendant l'accomplissement de ces travaux gigantesques.

Madagascar, pays neuf, est logé à la même enseigne, mais est susceptible de devenir une contrée saine, lorsqu'on aura procédé au dessèchement des marais et aux plantations d'eucalyptus ou de pins qui, comme dans les Landes ont, avec le temps, déposé une couche d'humus et fait qu'aujourd'hui nombre de sommités médicales convient les personnes atteintes d'affections de la poitrine à reprendre des forces et la santé dans ces contrées jadis si meurtrières.

Les premiers symptômes de la fièvre à Madagascar sont des maux de tête violents et un abattement général. On est sujet aux sueurs froides, le front est glacé. Un claquement de dents, intermittent, comme un bruit de castagnettes. Ni la multiplicité des vêtements, ni l'abondance des couvertures ne parviennent à vous réchauffer. On est secoué par des frissons violents et un froid glacial envahit tout le corps. Cela dure vingt ou trente minutes au début des fièvres.

L'accès chaud succède immédiatement, sans transition. Les pulsations sont précipitées, le front brûlant. Les oreilles bourdonnent et l'on atteint facilement 39 et 40 degrés, très souvent 41 et 42, quelquefois plus. A ce moment, le cerveau travaille, on bat littéralement la campagne pendant une heure ou plus, suivant le tempérament. Le malade tombe ensuite dans un état comateux.

La fièvre se déclare ordinairement vers quatre heures du soir et tombe d'elle-même pendant la nuit. Le malade se réveille affaibli, le pouls est très bas, 36 degrés. Il éprouve alors une sensation de bien-être et ne tarde pas à s'endormir d'un sommeil calme et réparateur.

La durée de chaque accès est d'environ dix à douze heures. Un premier accès est presque toujours suivi d'un second qui survient plus ou moins longtemps après, à la suite d'un refroidissement.

Dès le début de la maladie, on ordonne des absorptions d'ipéca : pas d'aliments le jour même. Le soir, 0.80 centigrammes de sulfate de quinine, autant le matin. Pas d'aliments chauds ; comme boisson, du quinine, du thé et des citronnades. On continue ce régime plusieurs fois par jour, après la cessation de la fièvre.

Comme conséquence inévitable survient une anémie profonde qu'il faut combattre par une nourriture saine et un changement d'air immédiat.

Les fiévreux dirigés sur Sainte-Marie éprouvent un grand soulagement et ceux envoyés à la Réunion se rétablissent en très peu de temps au milieu des montagnes de Salazie et peuvent reprendre le service.

Le rapatriement est excellent, si, bien entendu, les malades sont suffisamment forts pour supporter la traversée de la mer des Indes et de la mer Rouge, toujours très pénible pour les personnes en bonne santé.

La guérison des malades dans les hôpitaux des îles d'Hyères, de Toulon et Marseille est très rapide. A part quelques cas très rares de dysenterie, les soldats sont généralement atteints de cachexie ou d'empoisonnement palustre, lequel s'élimine facilement sous le ciel de Provence, en ne laissant aucune trace après un traitement d'un ou deux mois.

Si la fièvre se prolonge, on augmente insensiblement la dose de quinine.

Dans les accès pernicieux, il faut agir rapidement et donner, durant l'accès, deux et même trois grammes de sulfate de quinine.

Quelquefois le malade ne peut plus absorber le quinine, on lui substitue le lactate de quinine; on lui donne des lavements de quinine et des injections dans la cuisse, dans une partie grasse du corps, ou encore des injections de chlorhydrate de morphine dans le ventre.

Un de mes amis, se trouvant à Amboanio, province de Vohémar, fut pris d'un accès pernicieux pendant trois jours durant. Il se roulait par terre, roide comme une barre de fer et le médecin croyait à chaque instant le voir expirer.

Le cas étant très grave, on le fit transporter de suite à Vohémar par six bourgeanes. Le changement produisit son effet, il se rétablit en huit jours.

Moi-même, à bord du vaisseau-hôpital, j'avais atteint 42'6 de fièvre et je ne laissais guère d'espoir au major qui me soignait, puisque le soir je fus placé dans ce que nous appelions la *chambre des morts*. C'était une petite pièce avec quatre lits, dans laquelle on transportait ceux qui étaient à toute extrémité, pour éviter aux autres malades le triste spectacle de leur agonie.

On n'en revenait jamais qu'entre quatre planches pour être transporté dans le cimetière de Tamatave.

Je ne sais comment j'y entrai, mais je me souviens parfaitement de quelle façon j'en suis sorti.

Au milieu de la nuit, je me réveillai et, à la lueur d'un pâle fanal, j'aperçus deux cadavres dans les lits voisins. Il se produisit chez moi une réaction, je sortis de ma torpeur, compris la situation, revis en une seconde ma famille, mes amis, ceux qui me sont chers, et je trouvai la force ou plutôt l'énergie de descendre de ma couchette macabre et, me traînant sur les mains, les jambes flageollantes, à la manière des jeunes enfants, j'arrivai à un

17

escalier qui, de la batterie, me conduisit sur le pont, où la fraîcheur me saisit et je m'évanouis.

Une ronde d'infirmiers me ramassa et me réintégra dans mon lit, dans la salle commune, où le major fut on ne peut plus surpris de me retrouver à la visite du lendemain ; la fièvre avait complètement disparu, et je lui demandai avec instance de me renvoyer à terre. Il n'y consentit que huit jours après, à la suite d'un régime spécial.

.·.

La dysenterie est peu commune à Madagascar et ne peut pas être considérée comme un des fléaux de l'île. Elle est la plupart du temps causée par l'imprudence du soldat qui doit continuellement se méfier d'une trop grande consommation de fruits, surtout dans le pays malgache, où les fruits de toutes sortes abondent.

Lorsqu'on en est atteint, en outre des moyens employés en général pour combattre cette maladie, il faut une alimentation régulière et spéciale et on en vient facilement à bout. Il faut aussi toujours avoir soin de porter des gilets et une ceinture de flanelle.

Les insolations causent beaucoup de victimes chaque année.

Il est bon de les prévenir en évitant de boire de l'alcool à l'excès, en portant le casque colonial et en faisant usage du mouchoir ou du couvre-nuque mouillés.

Les phénomènes de l'insolation se développent progressivement ou brusquement. Elle se traduit par une grande faiblesse générale, le malade tombe sans pouvoir se relever ; il souffre de la tête, subit une sensation de chaleur excessive de la peau et perd connaissance.

La respiration est gênée, la bouche est remplie d'une écume mousseuse et le corps se raidit et devient immobile.

Il faut, autant que possible et sans tarder, placer le malade dans un endroit frais, lui faire des lotions d'eau fraîche ou glacée, lui faire respirer du vinaigre et des sels anglais.

J'ai vu des cas où des hommes, trop imprudents, sortaient de la tente sans se couvrir la tête, être frappés d'insolations et mourir dans l'espace d'une heure et quelquefois subitement.

Février 1887.

AMIS ET HOTES INCOMMODES

On aime les animaux en colonne, on aime aussi les oiseaux.

Malheur à celui qui a l'audace de faire le moindre mal à ces êtres inoffensifs. Si on ne le fait pas *sauter à la couverte,* les coups de poing et les coups de chausson lui font expier son crime.

Le chien, s'il est l'ami de l'homme, ainsi que l'a dit Buffon, est encore plus celui du soldat.

Béranger, ce maître de la Muse, a chanté le chien du vieux sergent; un chien mouton qui avait accompagné son maître en Afrique, l'avait toujours suivi, et avait refusé toute nourriture le jour où le vieux brave, atteint d'une balle en pleine poitrine, était tombé dans l'herbe jaunie. Le pauvre chien s'était couché auprès du corps inanimé de son maître et était mort de faim.

A Tamatave, pendant l'expédition de 1885, chaque bataillon possédait son chien ; un chien errant, venu on ne sait d'où, attiré sans doute par l'odeur des gamelles, et qui avait élu domicile dans le camp.

Le chien de mon bataillon avait été baptisé *Farafate*, du nom du fort hova qui se trouvait le plus rapproché de nos lignes.

Farafate était un chien griffon à longs poils, à museau carré, à l'œil vif ; c'était une excellente bête, intelligente, dévouée, courageuse, qui nous accompagnait dans nos postes avancés, et se tenait toujours auprès de la sentinelle isolée. Avec Farafate aucune crainte de surprise, ses oreilles se dressaient au moindre bruit, et malheur au téméraire qui tentait de pénétrer dans les lignes, à la faveur des ténèbres. Farafate lui sautait à la gorge et le tenait en respect jusqu'à l'arrivée du poste qui s'emparait du déserteur, car la plupart de nos visiteurs nocturnes étaient des soldats de la reine, qui, fatigués des mauvais traitements qu'ils avaient à subir, préféraient la captivité douce qu'ils goûtaient auprès de nous.

Farafate était un fidèle compagnon, qui faisait trouver moins longues les nuits de garde, dont la monotomie n'était rompue que par le cri des sentinelles qui, de demi-heure en demi-heure, lançaient dans les ténèbres leur strident : *Sentinelle prenez garde à vous !*

Farafate était aussi la terreur des nombreux *charognards* [1] aux ailes plus courtes que la queue, qui s'approchaient des cuisines pour chiper, de leur bec qui se courbe dès la base, les morceaux de viande que nos troupiers allaient chercher dans des plats de campement, à l'heure de la soupe.

Au mois de janvier, par exemple, ces oiseaux étaient si nombreux et si voraces, que chaque homme *de soupe* se faisait accompagner d'un homme de corvée, muni d'un solide bâton, et qui ne parvenait à préserver la nourriture de l'escouade qu'au prix de moulinets accomplis d'après toutes les règles de la canne et du bâton.

Je me souviendrai toujours des légions de mouches grisâtres qui, au mois de décembre, s'abattaient sur les cuisines. Malgré les plus grandes précautions qui consistaient à fermer hermétiquement les gamelles après les opérations successives de la mise des lèches du pain, de la portion de viande, des légumes et du bouillon, toutes les gamelles renfermaient une cinquantaine de ces insipides diptères, qui surnageaient dans le bouillon. Cela dura plus d'un mois, pendant lequel les malheureux troupiers désespérés jetaient

[1] Espèce d'autour.

Pl. XVII.

FARAFATE, L'AMI DES MARSOUINS

leur ration sur le sable de la plage, et se rabattaient sur les mauvaises conserves de sardines que leur vendaient les malabars.

L'anémie décimait impitoyablement nos rangs.

. * .

A ce moment, c'était la saison des orages et des pluies torrentielles. A chaque éclaircie, un soleil de plomb séchait le sol en quelques minutes et immédiatement des quantités considérables de puces sortaient du sable et nous empêchaient tout repos. Je n'ai jamais connu pareil supplice ; nous avions les jambes en sang, et les piqûres étaient si douloureuses et si venimeuses que beaucoup d'entre nous durent entrer à l'infirmerie pour faire soigner les plaies que ces démangeaisons avaient occasionnées.

On dit qu'en captivité la puce est susceptible de recevoir une certaine éducation et de subir un dressage assez compliqué, mais aucun de nous n'a pensé à occuper ses loisirs à apprivoiser ces vilaines bêtes et à former des *puces savantes* ; nous étions littéralement captifs des puces et des pucerons. Si, à la tombée de la nuit, ces parasites nous laissaient un peu de répit, ils étaient remplacés par des visiteurs moins nombreux, mais qui n'en étaient que plus venimeux. Je veux parler des scorpions, dont le venin se communique par la blessure qu'ils font avec un crochet dont leur queue est armée.

Ces hôtes incommodes, qui vivent à la surface du sol, se cachant le jour sous des pierres, sortaient à l'heure du crépuscule et s'introduisaient dans nos havresacs, nos chaussures et même nos couvertures, et plusieurs d'entre nous furent assez dangereusement blessés pour que leur transport aux hôpitaux fût jugé nécessaire.

. * .

A côté de ces hôtes incommodes qui troublent la tranquillité des Européens, certaines contrées de la grande terre sont périodiquement soumises aux incursions des *fahavalos*, ramassis d'individus recrutés un peu partout mais principalement chez les Sakalaves et les Bora, peuplades semi-indépendantes et belliqueuses, qui rançonnent les voyageurs, attaquent les villages et mettent tout au pillage.

Ces bandits, grands pour la plupart, aux membres grêles, à la chevelure en boucles enduites de cire ou de graisse, qui portent sur le front un os blanc un peu convexe et autour du cou un autre petit os suspendu à un cordon, sont toujours rebelles à la domination hova. Ils ont des fusils dont les crosses sont ornées de clous de cuivre brillants, des longs couteaux et des sagaies polies, qu'ils ne quittent jamais, même pendant leur sommeil.

Ils battent la campagne dans l'ouest et le sud ; se précipitent sur les villages, massacrent les hommes, enlèvent les femmes et les enfants, ainsi que le bétail. Le pays des Betsileos est pour eux une terre de Chanaan qu'ils rançonnent sans pitié.

Pour surprendre les convois dont on aperçoit les longues sinuosités dans la brousse, ils se dissimulent dans les lits desséchés des ruisseaux, s'embusquent au coin d'un bois et fondent sur leurs victimes. Le voyageur, ainsi surpris, aura tout à gagner à ouvrir immédiatement ses ballots et vider sa bourse. Il est même prudent, lorsqu'on a satisfait à cette règle, de voyager en compagnie de ces bandits. On est sûr de posséder un excellent sauf-conduit. Ils vous fournissent tous les renseignements sur la route que vous voulez suivre et vous pouvez être sûr de ne pas être arrêté à nouveau.

Mars 1887.

L'ESCLAVAGE

Autrefois et Aujourd'hui.

La discussion à la Chambre, sur la suppression de l'esclavage à Madagascar, a soulevé des opinions différentes. Tout le monde s'est trouvé d'accord pour l'application, à notre nouvelle possession, du décret de 1848, qui abolit l'esclavage dans les colonies françaises ; mais le débat a porté sur la suppression immédiate, ce qui constituerait un véritable danger.

Admettons un instant que la libération ait lieu aujourd'hui, qu'adviendra-t-il ? A quels excès se porteront ces bandes nombreuses d'hommes libres poussés par la misère et par la faim ?

Les vieux colons pensent que la suppression immédiate et humanitaire occasionnera des troubles considérables dans l'île et émettent l'avis de ne pas aller trop vite. Je pense comme eux.

Il ne faut pas croire, en effet, que nous nous trouvons en présence de l'esclavage africain avec son cortège de barbarie et d'horreurs.

A Madagascar, il revêt une forme particulière et ressemble en général à une sorte de domesticité plus ou moins étroite, suivant les emplois et les maîtres.

Autrefois, lorsque l'esclavage était recruté par la traite, les navires de guerre

européens, qui stationnaient dans le canal de Mozambique, ne pouvaient arriver à bout de
ce honteux trafic, opéré par des traitants ignobles qui amenaient sur le marché de Tananarive une cargaison humaine qu'ils vendaient à prix d'or.

. Ces brutes infâmes achetaient ensuite, pour un prix vil, des bœufs (10 ou 15 fr.
pièce), qu'ils chargeaient sur leur boutres et conduisaient à la côte voisine, où ils les échan-
geaient contre un autre bétail, humain celui-là.

Le va-et-vient était périodiquement établi entre le continent africain et le marché
de Tananarive, où les voyageurs assistaient souvent à des scènes déchirantes :

« J'ai vu, dit le P. Piolet, plusieurs jeunes femmes qu'un maître inhumain arra-
chait des bras de leurs époux, avec qui elles étaient heureuses, pour les vendre aux
Sakalaves de l'Ouest. J'en ai vues pleurant à chaudes larmes, et suppliant à genoux un
missionnaire de les racheter avec leurs maris, pour leur épargner cette cruelle épreuve ».

Ces scènes de sauvagerie ne se voient plus dans la capitale, mais M. le docteur
Catat qui a fait, avant la guerre, un long voyage à Madagascar, raconte que dans plusieurs
provinces de l'intérieur le hova, qui cultive le riz, traite encore durement ses esclaves.

Poussé par la plus noire cupidité, il leur donne de nombreuses femmes et cela
dans le but que ces dernières auront beaucoup d'enfants, et qu'il les revendra à gros
bénéfices.

En effet, un garçon d'une dizaine d'années se vendait couramment deux cents à
quatre cents piastres; une jeune fille de douze à quinze ans, valait environ mille piastres ;
un adulte cent piastres; un vieillard était presque une non valeur.

Les enfants étaient arrachés des bras de leurs mères avec la dernière des cruautés,
et remis entre les mains d'abjects négriers.

Ces scènes de sauvagerie, qui se produisaient dans la campagne, n'existent plus
depuis longtemps dans les grandes villes, telles que Tananarive, Tamatave, Majunga, etc.
Ici, les esclaves sont des domestiques jouissant d'une certaine liberté et sont salariés. Leur
peine est plus ou moins forte, suivant l'emploi qu'ils occupent, et, en général, ils ne se
plaignent pas trop.

Les plus heureux et les mieux rémunérés de ces esclaves sont les *bourgeanes* ou
porteurs.

Ils accomplissent un voyage d'un point à un autre pour une somme convenue,
la nourriture en plus. Ils remettent à leurs maîtres une somme également proportionnée
à la durée du voyage, et conservent pour eux le pourboire que le voyageur leur a généreu-
sement octroyé.

Quoiqu'il en soit, et malgré les opinions diverses des différents explorateurs, on en conclut que, sous une forme ou sous une autre, l'esclavage existe encore dans la grande île africaine. Qu'il ait perdu de son ancienne cruauté, on ne saurait admettre qu'il y ait la moindre apparence d'esclavage sous les plis du drapeau français et nous devons briser les derniers liens de ces malheureux et leur donner leur entière liberté.

Les habitants de Madagascar ont une âme et un cœur comme nous. Ils vivent et sentent, et leur reconnaissance sera éternelle lorsque nous aurons brisé le joug qui pèse sur eux.

Nous aurons la haine du peuple hova, faux, fourbe, hypocrite et lâche, dont la cupidité est sans bornes, l'avarice sans limites ; mais, de toutes les provinces de cette terre immense, de toutes les poitrines des opprimés, sortira un concert de bénédictions.

Comme me le disait un jour mon ami Jean Hess, qui a étudié les mœurs des noirs du continent africain et a pu se rendre compte de leurs défauts et de leurs qualités, il y a, au-dessus de la bestialité de l'homme primitif et sauvage, de la bonté naturelle et des accents de poésie grossière qu'il nous appartient de développer.

Il faut, qu'après la voix terrible du canon, qui leur a fait connaître leur infériorité, après que nous nous sommes ouvert leur pays *manu militari*, si on n'a pu le faire autrement, nous ne nous posions pas en despotes victorieux, mais en amis, unis par des intérêts communs, et travaillant de concert pour le plus grand bien de l'humanité.

Donnons donc au peuple madécasse la liberté à laquelle il a droit, mais ne le faisons qu'à bon escient, dans le plus bref délai possible, mais pour ne point jeter trop de perturbation dans l'organisation de l'île, il convient de supprimer graduellement l'esclavage, car l'histoire a trop souvent enregistré de tristes exemples des conséquences des libérations brusques et non préparées.

Juillet 1896.

RAINILAÏARIVONY

Sa carrière politique. — Sa mort.

Depuis lundi dernier [1], Rainilaïarivony, l'ex-premier ministre de Madagascar, repose au cimetière d'Alger. Son cercueil a été déposé dans un caveau où il restera jusqu'à
son transport à Madagascar. L'exilé avait demandé, en effet, de reposer en terre malgache,
à côté des tombeaux des « rantzanes », ancêtres.

Rainilaïarivony est mort sans souffrance, miné par le malaise dont il souffrait depuis son internement à la villa Mustapha-Supérieur, à Alger, sa résidence depuis le mois de
mars dernier.

C'était un homme avisé et instruit, très au courant de la politique de l'Europe et
affirmant la sienne en déclarant que son royaume n'accepterait aucune domination.

Sa carrière politique a été occupée par bien des petites intrigues et par quelques
grands faits : sa conversion et celle de la reine au protestantisme en 1868, pour déjouer les
intrigues de la *London-Missionnary Society* ; la campagne de 1883-1885, qui décida l'instal-

[1] 13 Juillet 1896.

lation à Tananarive d'un résident général ; la dernière guerre, qui plaça Madagascar sous notre domination définitive.

Il avait concentré entre ses mains tous les services publics : armée, finances, justice, affaires étrangères, surveillance de l'administration du palais, etc.

Rainilaïarivony, dont le nom malgache signifie le *Père de la fleur épanouie*, a été notre ennemi le plus acharné et nous ne saurions lui en vouloir ; si parfois il a manqué de clairvoyance, il a toujours cru agir pour le bien de son pays et, à ce titre, nous devons l'admirer.

Cet homme, travailleur infatigable, a tendu tous ses efforts pour l'organisation politique et religieuse de son pays ; il abolit la traite et rendit la liberté aux esclaves qui devinrent les *tsiarondahy* (serviteurs) de la reine ; il confia les fonctions publiques et le gouvernement des provinces à des hommes dévoués, que ses aides-de-camp et les *tsimandoas* (policiers affranchis) surveillaient néanmoins d'une façon très étroite ; il réduisit le nombre des aides-de-camp auxquels les officiers avaient droit et détruisit ainsi l'oligarchie militaire ; il retira le commandement et enleva les prérogatives à tous les chefs militaires qu'il inspectait ; il fonda l'église nationale malgache, divisa le royaume en douze évêchés sous la dépendance de l'église du palais, ayant la reine comme chef spirituel ; nomma des évêques, des pasteurs et des catéchistes indigènes ; décréta l'instruction obligatoire et pourvut d'un instituteur tous les villages de quelque importance.

Comme on le voit par cette simple énumération, Rainilaïarivony était un homme d'énergie et d'action, qui a fait beaucoup de choses pour son peuple, et il est certain que lorsque l'époque de bronze s'ouvrira dans la grande île africaine, cette belle figure aura sa statue sur la place du Palais, à Tananarive.

L'exil avait porté conseil à l'ex-premier ministre et tout dernièrement, reconnaissant les erreurs qu'il avait pu commettre, il avait rédigé une proclamation par laquelle il exhortait le peuple madécasse à accepter l'œuvre de civilisation et de progrès de la France et démasquait les agissements des Anglais qu'il reconnaissait absolument contraires à la prospérité de l'île.

La mort est venue le surprendre avant qu'il ait pu mettre à exécution son projet.

Rainilaïarivony était né en 1824. Tenant de son frère Rainiharo qui avait eu les faveurs de la couche de la reine Ravanolina Ire, en qualité de premier ministre, il se mêla très jeune aux intrigues du Palais et se signala par son audace dans les campagnes qu'il fit contre les Betsileos, chassa son frère aîné Rainivoninahitriniony qui avait remplacé son père comme premier ministre, prit sa place dans le lit de la nouvelle reine Rasohérina et celle-ci étant morte, choisit dans la race noble des Malais la plus jolie princesse qui fut Ranavalona II.

A la mort de cette dernière, il fit monter sur le trône la reine actuelle Ranavalo III et changea son titre d'amant officiel contre celui d'époux morganatique.

Il fut l'amant ou l'époux des trois reines qui ne lui donnèrent pas d'enfants ; en revanche, sa première femme, une fille du peuple hova, lui en avait laissé quinze.

Rainilaïarivony était petit de taille, d'apparence chétive, ses traits étaient assez réguliers.

Pour réparer des ans l'irréparable outrage, il se faisait teindre les cheveux et cirer le visage avec divers cosmétiques.

D'habitude, il était très simplement vêtu ; mais, dans les grandes circonstances, il portait un dolman de satin blanc, soutaché de passementeries d'or, des culottes de soie courtes, des bas blancs avec jarretières, des brodequins en cuir jaune. Il portait à son cou la cravate de commandeur de la Légion d'honneur, et, suspendu à son épaule, un large baudrier avec un sabre recourbé.

Rainilaïarivony ne touchait aucune subvention du gouvernement français. Du reste, sa fortune privée lui permettait de vivre de ses propres ressources. Il possédait des domaines très vastes, des troupeaux de bœufs considérables et un trésor caché dans les caves de son palais. Il avait même des sommes assez importantes déposées dans des établissements de crédit européens.

Son train de maison était assez grandiose. Il avait toute une légion d'aides-de-camp et possédait environ trois mille esclaves ou employés qui avaient pour mission de l'accompagner.

Tel était l'homme qui, mal conseillé par les Anglais, a lutté jusqu'au bout contre l'occupation française. Inclinons-nous devant un cercueil, le *père de la fleur épanouie* n'est plus, Rainilaïarivony est mort, paix à son âme.

Juillet 1896.

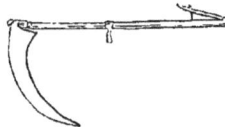

HALTE D'UN CONVOI DE BOURGEANES

Dessin d'Ernest Morel, d'après des documents communiqués par l'auteur.

RADES ET PORTS

Foulpointe. — Fénérif. — Fort Dauphin.

La côte de Madagascar offre des rades très belles et d'excellents mouillages, ainsi que des ports très surs, principalement dans sa partie septentrionale :

Le magnifique port de Diégo-Suarez avec ses trois baies, le port Louquez, les baies de Vohémar, d'Antongil, de Tintingue, de Fénérif.

Dans la partie méridionale : Tamatave, la baie de Saint-Augustin, de Bombétok, de Majunga, de Passandava, etc.

Foulpointe, que les naturels appellent Voulou-Voulo, se trouve à environ dix-huit lieues dans le Sud de Tamatave : sur toute cette étendue la côte est formée par des sables bordés de récifs madréporiques : elle est peu élevée et couverte de forêts qui finissent au rivage.

Ce village, qui fut un de nos premiers établissements à Madagascar, est situé au milieu d'une ravissante plaine couverte de manguiers, dans l'ombrage desquels sont enfouies les habitations. L'air y est très frais et cette fraîcheur est certainement due à quelques ruisseaux qui la traversent.

Le mouillage, fermé par un récif assez large, n'est pas à l'abri des vents du Nord et n'est fréquenté que dans la belle saison.

Ce fut à Foulpointe que Radama, le Napoléon malgache, établit le premier port commercial et militaire de son royaume.

. * .

Fénérif, petite ville bien située, est construite sur une partie concave du littoral. C'est le plus grand centre de fabrication de pirogues et ses habitants tiennent assurément le record dans cette industrie qui leur procure un gain très rémunérateur, dans leurs ventes dans les provinces du Sud et plus particulièrement à Foulpointe et Tamatave.

Les côtes sont fréquentées par les pieuvres (hourites), qui procurent une nourriture très recherchée aux Malgaches, passablement gourmets de cet animal qu'ils font dessécher au soleil ou boucaner. Les indigènes, qui passent à juste titre pour les plus habiles marins de la grande île, en font un très grand commerce.

. * .

Fort-Dauphin se trouve dans la belle province d'Anossi, presqu'île très montagneuse, continuellement rafraîchie par les vents de la mer et, par ce fait, très saine, où l'Européen s'acclimate facilement.

Cette province est excessivement fertile en productions végétales et très riche en animaux. Beaucoup de chèvres et de moutons à queue très grasse et dont la viande est de bonne qualité; des porcs, à la peau noire rayée de bandes rouges, vivent dans les forêts et dévastent les plantations d'une façon indigne.

Les habitants leur font une guerre archarnée, et, chose singulière, ils ont un dé-goût très caractérisé pour la viande de cet animal, si précieux en Europe et en Amérique. Je n'ai jamais vu un naturel en manger.

Les bœufs, qui vivent par grands troupeaux, sont de toute beauté, ce sont, certai-nement, les plus beaux, les plus forts de l'île.

Point de lièvres ni lapins, mais, en revanche, des oies, dindons, canards et poules à foison et d'un extrême bon marché.

Les rivières pullulent de poissons et les côtes sont garnies de bancs de petites huîtres d'un goût très agréable et dont les habitants font une énorme consommation.

Les habitants du Fort-Dauphin sont en général grands, robustes, agiles, très doux, très hospitaliers, mais aussi très insouciants et paresseux, et adonnés à la boisson des liqueurs fortes.

Les femmes, aux traits très réguliers et beaux, se fanent très jeunes par la débauche sans retenue à laquelle elles se livrent dès leur plus tendre enfance.

Les produits du sol de cette contrée qui servit d'asile aux premiers colons de la compagnie d'Orient, sont savoureux et rafraîchissants. Le bananier, l'oranger, le citronnier, l'ananas, le bibassier etc., donnent des fruits excellents.

Le riz, le manioc, l'igname, les patates forment l'alimentation indigène.

Peu de cocotiers, mais du coton, du tabac, du gingembre, du palma-christi et du nopal en abondance. Les forêts renferment des bois spéciaux et précieux pour l'ébénisterie et la construction. Ces arbres, en général, atteignent une grande hauteur.

Le ver-à soie, recouvert de longs poils et vivant dans les forêts, sur tous les arbres sans distinction, est d'un élevage facile et fournit une soie très fine, qui est plus abondante et plus belle si l'insecte est nourri avec du manioc rapé.

Les Malgaches confectionnent avec cette soie des lambas qui atteignent quelquefois une très grande valeur.

Port-Dauphin renferme une variété considérable d'insectes, dont le plus intéressant et le plus précieux est la fourmi ailée qui donne un miel très doux, très renommé, avec lequel on fabrique aussi une liqueur fermentée.

A la saison des chaleurs, le gibier de passage s'abat sur cette contrée. Les flamands aux vives couleurs sont très recherchés par les chefs des villages qui s'affublent de leurs plumes.

SAINTE-MARIE

L'Ilot Madame. — Port-Louis. — L'Ile au Forbans.

L'île Sainte-Marie située sur la côte orientale de Madagascar, dont elle est séparée par un canal ou mieux une rade très longue et très sûre, large d'environ une lieue dans sa partie la plus étroite et de quatre lieues dans sa partie la plus large est la seule que nous ayons occupée avec continuité; elle fut prise en 1750, au nom du roi, par la Compagnie des Indes Orientales.

Les naturels l'appellent *Nossi-Bourah* ou encore mieux *Nossi-Ibrahim*.

Large d'environ trois kilomètres, elle en compte cinquante dans sa longueur, soit environ seize mille hectares de superficie.

Séparée par un bras de mer dans sa partie méridionale, elle forme deux îles dont la plus petite est l'*île Madame* ou *Louquez*, en langage indigène. Cet ilot est défendu par des fortifications; il renferme les magasins et chantiers du gouvernement.

La baie principale est Port-Louis, formée par un enfoncement de deux kilomètres dans les terres. Port-Louis est situé sur un sol rocheux. Au milieu de cette baie se trouve l'*Ile aux Forbans*, inhabitée et complètement stérile, d'environ deux cents mètres de diamètre et trente d'élévation, réunie à la côte de Sainte-Marie par une jetée en pierre.

L'île Madame est entourée d'un chenal qui forme deux passes, la *Passe des Pêcheurs* pour les petites embarcations au Sud-Ouest et le *Petit-Port-Louis* pour les navires au Nord-Ouest.

Les côtes de Sainte-Marie, peu escarpées, ont néanmoins quelques falaises basaltiques peu étendues : elles se composent, en général, de plages de sable où l'on rencontre de jolis coquillages et qui sont recouvertes par une riante verdure.

L'île est coupée par quatre chaînes de montagnes bien distinctes, qui donnent néanmoins, à première vue, l'illusion de nombreux monticules détachés et suivant la direction de l'île dans sa longueur.

Deux de ces chaînes sont composées d'un tuf jaunâtre en de certains endroits, rougeâtre dans d'autres et recouvert d'un sable quartzeux ; les deux autres sont des roches basaltiques qui atteignent, dans leur plus grande élévation, environ soixante mètres.

Leurs pentes douces permettent la culture de la base au sommet et la plupart des monticules ou mamelons sont couverts de paturages.

Sainte-Marie, exposée aux pluies, a un climat malsain et fiévreux, à la fois très humide et très chaud, ce qui fait que la culture est facile, quoique les trois quarts de sa superficie soient composés d'un sol peu riche.

Les côtes sablonneuses sont recouvertes de forêts arrosées par des sources nombreuses d'eau excellente qui descendent en cascades et forment par endroits des torrents qui ont suffisamment de force pour actionner des moulins.

Sainte-Marie compte trente-deux villages indigènes reliés entre eux par de petits sentiers peu frayés passant à travers des marais, des coteaux pierreux et des bois dont les espèces les plus utiles et les plus précieuses, sont les *takamakas*, les *nattes*, les *porchers*, les *jacquiers*, les *tamariniers*, les *filaos*, les *badamiers* et le *bois de fer*.

En général, le sol renferme du fer en assez grande quantité, de la chaux, de la pierre et de la terre à brique.

Les habitants, très doux de caractère, sont des Malgaches dont les habitations, très petites, sont des cases en bois recouvertes de feuilles de *ravenala*. Ils occupent ordinairement les côtes, mais possèdent à l'intérieur, aux abords de leurs plantations, d'autres cases où ils se rendent à l'époque des récoltes du riz, des cocos et des fruits, qui sont les ressources peu abondantes de cette île, parfaitement française et dont les habitants, affables et hospitaliers, nous ont prêté leur précieux concours et rendu les plus grands services dans nos diverses expéditions contre Madagascar.

C'est avec les Malgaches recrutés à Sainte-Marie que furent formés nos premiers corps de tirailleurs indigènes de Diégo-Suarez.

LES MASCAREIGNES

Les îles Maurice et de la Réunion, situées dans l'Océan Indien, sont deux îles sœurs faisant partie du groupe des îles Mascareignes, découvertes en 1545 par le Portugais Dom Pedro Mascarenhas.

Elles sont séparées par un canal d'environ soixante lieues, sillonné continuellement par de nombreux bateaux.

C'est dans ces îles que le courant d'immigration indienne, bien organisé, a acquis un grand développement à l'époque où la traite des nègres fut abolie et où le manque de bras se fit sentir dans la culture de la canne à sucre dans nos colonies.

Il y a à Maurice et à la Réunion (autrefois Bourbon), une grande importation de tissus, boissons, légumes secs, huiles, charbons, quincaillerie, mercerie, confections et surtout un grand commerce de bœufs avec le port de Tamatave qui exporte environ vingt mille de ces animaux par an et dont la plupart servent à l'alimentation de ces deux îles, qui resteront éternellement les tributaires de Madagascar.

Les principaux articles exportés sont : le sucre, le café, la vanille, les épices et les gommes.

Comme principales industries, il faut citer la fabrication du sucre, la conversion des mélasses en rhum, la préparation de sacs pour l'emballage, la charronnerie et la chaudronnerie.

Maurice, abandonnée par les Hollandais, fut prise par la France en 1721 et appelée *l'île de France*.

La Bourdonnais réunit les deux îles sous son autorité en 1725 et fut gouverneur du groupe des Mascareignes, Bourbon, Maurice et Rodrigue.

Ces îles furent conquises, en 1810, par les Anglais qui nous rendirent Bourbon en 1814.

Il n'en est pas moins vrai que, malgré l'annexion, Maurice a gardé notre code civil, nos usages et nos mœurs et notre langue.

De cette communauté d'origine et d'intérêts qui unit les deux îles, il résulte que les mœurs des émigrants indiens sont les mêmes, de même que leurs pratiques religieuses.

* *

L'île de la Réunion est de forme elliptique. C'est une masse de produits volcaniques entassés les uns sur les autres, dominée au centre par le *Piton des Neiges* (3059 mètres) et le *Piton de la Fournaise* (2635 mètres).

Ces deux pitons partagent naturellement l'île en deux parties, celle du vent au N. E. et celle sous le vent au S. S. O.

Les côtes sont habitées et parfaitement cultivées; elles ne présentent que des rades difficiles : Saint-Denis, Saint-Paul, Saint-Pierre, Sainte-Marie, etc.

L'île a plusieurs rivières peu importantes, encaissées, à courant rapide qui, pendant la saison des pluies, deviennent de véritables torrents : ce sont celles de Sainte-Marie, de Sainte-Suzanne, de Saint-Denis, des Pluies, du Mat, des Roches, des Marsouins, de l'Est, des Remparts, etc.

Il y a aussi plusieurs étangs formés par des anciens cratères remplis d'eau ; ceux de Saint-Benoît et de Saint-André sont les principaux.

Des sources nombreuses, très pures, qui, pour la plupart, sont canalisées, alimentent les villes. Les sources d'eaux thermales de *Salazie, Cilaos* et *Mafatte* sont très fréquentées par les habitants de Maurice et de La Réunion.

Le climat de la Réunion est très sain et les fièvres paludéennes et autres maladies tropicales y sont rares. Il y a deux saisons bien distinctes, celle des pluies, de novembre à mai, et la saison sèche, de mai à novembre.

Le sol, à base volcanique, recouverte d'une épaisse couche d'humus, de détritus apportés par les pluies, est très productif.

SAINTE-MARIE

L'Église et l'Hospice tenu par les sœurs. — L'Ilot Madame.

Dessin de Raymond Deshays, d'après un croquis de l'auteur.

La culture en général comprend la canne à sucre, le maïs, le manioc, le café, les patates, la vanille, le coton, les épices et le tabac.

Les forêts sont assez nombreuses.

Cette terre, qui a produit à outrance, qui a connu la richesse, s'appauvrit tous les jours et sera bientôt complètement épuisée. Depuis quelques années, au lieu de ces coteaux à pentes rapides, recouverts de cannéliers, girofliers, caféiers, etc. ; au lieu de ces plateaux plantés de maïs, riz, patates, embrevades, on ne voit plus que des plantations immenses de canne à sucre.

L'île possède de nombreux chemins vicinaux et un chemin de fer, de Saint-Benoit à Saint-Pierre, qui dessert treize stations. Une route de ceinture relie entre elles toutes les villes du littoral.

Elle est habitée par environ 190 mille âmes, elle est peuplée de chevaux, ânes, bœufs, moutons, porcs, chèvres, etc.

La capitale, Saint-Denis, gracieusement assise sur les bords de l'Océan, a ses dernières maisons très coquettes, adossées aux montagnes taillées à pic. Dans cette partie reculée, sont logés les habitants qui se sont retirés des affaires : l'activité commerciale et industrielle s'est portée aux abords des ponts d'embarquement ou Barachois.

Les villes principales sont : Saint-Pierre, Saint-André, Sainte-Marie, Saint-Benoit, Saint-Paul, Sainte-Suzanne, Salazie, Saint-Leu, Saint-Joseph, Saint-Louis, etc.

Dans toutes nos expéditions contre Madagascar, de nombreux volontaires de la Réunion se sont engagés dans nos régiments ; on en a formé des bataillons spéciaux et je vois encore parmi eux des jeunes gens, presque des enfants, ayant à peine la force de porter le sac et qui se sont courageusement battus. Les bataillons de volontaires s'illustrèrent et furent cités à l'ordre du jour.

Telle est cette île où Bernardin de Saint-Pierre conçut une de ses plus belles œuvres : *Paul et Virginie*.

Maurice, plus petit que la Réunion, est un pays très plat dont le terrain est en entier cultivable et cultivé. Si cette île ne possède pas les paysages enchanteurs de la Réunion, elle n'en a pas moins d'incomparables richesses.

Par suite de l'établissement du canal de Suez, les navires ont abandonné la route du Cap, sur laquelle Maurice était une station importante, et cette colonie en a ressenti un choc très préjudiciable, mais sa prospérité est telle qu'elle sera toujours la perle des colonies.

Elle est habitée par près de 380.000 âmes, dont la plupart sont des Indous, des Anglais, des Français en assez grand nombre, en un mot par un peu de toutes les races.

Le trafic y est exubérant.

Comme je l'ai dit plus haut, la civilisation française et l'esprit français ont résisté à la colonisation anglaise et cela, à un tel point, qu'il faut être absolument convaincu que l'on se trouve sur une des immenses colonies de la blonde Albion, pour admettre un seul instant qu'on a quitté le sol de France.

Une des particularités les plus saillantes de Maurice est le *Yamsé*, la fête du jour de l'an des Indiens. Elle est très curieuse, surtout à Port-Louis, où elle a un grand éclat et donne lieu à de grandes réjouissances.

Cette fête, dont on ne comprend guère la signification, dure environ trois jours ; elle a beaucoup d'analogie avec le Rhamadan des musulmans.

Les pratiquants observent un jeûne rigoureux plusieurs jours avant la cérémonie. Tous les soirs, dans les temples embrasés de mille lumières, les prêtres, recouverts de longues robes vertes, au milieu des fidèles, se prosternent dans la poussière, sans paraître aucunement incommodés des nombreux parfums où domine l'encens, dont on fait une énorme consommation.

Des femmes et des enfants, en prières, en haut des minarets, surveillent le ciel et sont chargés d'annoncer l'apparition du croissant.

La veille du grand jour, vers cinq heures du matin, dans la mosquée principale du *camp laskar* (quartier musulman), les fidèles s'assemblent pour aller chercher le bon Dieu et une longue procession s'organise.

Un vieux marabout, à longue barbe blanche, se place à la tête des prêtres revêtus de leurs longues robes à festons dorés et coiffés de bandeaux de cachemire multicolores.

La foule se range et le cortège, ainsi organisé, se dirige vers la rivière des Lataniers, au bruit retentissant du tam-tam.

Arrivée à l'endroit choisi, elle s'arrête, les prêtres murmurent des prières où le nom d'Allah revient sans cesse, puis un Indien nu, le corps complètement enduit d'huile sort des rangs, se prosterne devant les prêtres et, sur un signe du vieux marabout, se précipite à l'eau, plonge et revient, tenant dans ses mains, un objet qu'il remet aux prêtres avec force salamecs. Ceux-ci l'enferment dans une petite châsse.

La foule, qui a suivi curieusement les évolutions du plongeur, agite les bannières, pousse des cris d'allégresse et reprend le chemin du temple aux sons rythmés du tam-tam et des fifres.

Le dieu est trouvé et placé sur un autel, c'est un caillou, un coquillage, un morceau de bois, une racine, en un mot, il se compose du premier objet que la main du plongeur a saisi.

La nouvelle est promptement répandue et la foule se presse, plus nombreuse, dans les différentes pagodes étincelantes de mille feux.

Le soir, vers cinq heures, une procession plus importante s'organise. C'est la procession des *ails dorés*, petites constructions carrées, en bambou, surmontées d'une pointe en forme de clocheton, sur laquelle est fixé un croissant. Ces espèces de constructions sont recouvertes de papiers de différentes couleurs.

La foule frappe, à tour de bras, sur des tambours de cuir, des tam-tams et des instruments de cuivre; les assistants se livrent à des danses bizarres, à des jeux de toutes sortes, à des contorsions grotesques, tandis que des bandes d'enfants pénètrent dans les habitations, entonnent des chants religieux et reçoivent, dans des plats d'argent, les offrandes des fidèles ou des curieux.

Le lendemain a lieu le *lever du ghoun*; c'est le clou de la fête.

Le ghoun est une sorte de pagode très élégamment construite en bambous, tapissée de couleurs transparentes et agrémentée de découpages de papier, représentant des fleurs et des vases. Les bords sont garnis de dentelles frangées d'argent et d'or; aux angles sont attachées des banderoles de papier qui voltigent à la brise. Brillamment illuminé, il est surmonté d'un croissant. Chaque pagode a fait édifier plusieurs ghouns.

Les habitants se rendent au camp laskar, vêtus de leurs plus riches costumes.

Les femmes, couvertes de bijoux des pieds à la tête, marchent avec un bruit métallique produit par cette exubérance de bibelots, qui les rendent éblouissantes dans leurs dentelles et soieries.

Elles sont vraiment charmantes avec leurs cheveux noirs retenus par une plaque d'or, avec leur peau tatouée de mille arabesques, et leur démarche harmonieuse, souple et cadencée.

Les mères ont habillé leurs enfants avec un goût, une recherche particulière; bambins, garçons et filles gambadent avec des mines réjouies au milieu de cet étalage de costumes éblouissants.

La foule envahit les pelouses bordées de figuiers et de bois de campèche, entoure les lutteurs et les acrobates qui se livrent à des exercices multiples.

Bientôt la circulation n'est plus possible malgré le déploiement considérable de policemen et bien des querelles éclatent et des coups de poings sont échangés entre adeptes de différents cultes.

Vers les huit heures, la foule se précipite vers les pagodes; les ghouns, portés sur des brancards par six Indiens, sont découverts aux cris d'admiration de la multitude et le cortège se met en route à travers cette population grouillante et exaltée qui se déchire parfois le visage et la poitrine.

Des groupes de danseurs et de chanteurs se forment, l'aspect est des plus saisis-
sants et des plus étourdissants, au milieu de cette orgie de joueurs de fifres et de tam-tams,
des cris des camelots qui vendent de l'*aloi*, du *kalou*, des *sandalis*, gâteaux variés, du lait de
coco et des tiges flexibles.

Chaque pagode a ses ghouns escortés par ses fidèles et protégés par quelques
policemen, qui ont mille peines à maintenir le bon ordre.

A minuit, aprés avoir été promenés dans toutes les rues de la ville, les ghouns
sont rapportés à leurs temples respectifs.

Les fidèles vont prononcer leurs vœux et offrent des présents au Dieu, présents
qui consistent principalement en fleurs, gâteaux et différents mets, qui sont distribués le
lendemain aux malheureux.

Dans les rues, des illuminations ont lieu, on fait une consommation outrageante
de parfums, l'orgie est à son comble et la fête ne se termine qu'à l'aube lorsque, épuisés de
fatigue, les manifestants regagnent leurs demeures.

Le lendemain, vers une heure de l'après-midi, les ghouns sont ressortis, la foule
se reforme et le cortège se dirige vers la rivière des Lataniers.

Les ghouns, alignés sur la berge, sont, à un signal des prêtres, poussés à l'eau et la
foule, jusque là respectueuse, se précipite, se bat, c'est à celui qui, à la nage ou accroché
aux arbres de la berge, pourra arracher un morceau de ghoun avant qu'il disparaisse sous
l'onde.

En Europe nous conservons une branche de buis à la bénédiction des rameaux,
dans les îles Mascareignes on conserve le bout de chiffon ou de papier qu'on a pu arracher
au ghoun.

La foule se retire ensuite silencieusement et, dans les jours qui suivent, les com-
mentaires sur les diverses phases de la fête vont leur train.

LES COMORES

Mayotte. — Anjouan et vieux canons. — La Grande-Comore. — Mohéli.

Semées entre la côte orientale africaine et la pointe septentrionale de Madagascar, les Comores, dont la superficie est d'environ deux mille kilomètres carrés, occupent l'entrée du canal de Mozambique. Au nombre de quatre : la Grande-Comore, Mohéli, Anjouan, Mayotte et plusieurs îlots, ces îles, à l'exception de Mayotte qui est terre française, sont placées sous le protectorat français.

Elles sont d'origine volcanique, d'altitude variable et leur population s'élève à environ soixante mille habitants, formant une race composée d'Africains, d'Arabes et de Malgaches.

20

L'archipel des Comores forme à l'Ouest, avec les Amirautés et les Seychelles au Nord et les Mascareignes à l'Est, les satellites de Madagascar.

.·.

Mayotte est de beaucoup la plus importante de ces îles, et est pourvue de nombreuses petites baies, qui offrent des refuges très sûrs le long de ses côtes hérissées de falaises et de caps, et des récifs nombreux forment une sorte de ceinture autour de l'île.

Les principaux de ces mouillages, très fréquentés par les navires, sont : Dzaoudzi, Longoni, Soulou, Bœni et Chingoni.

Mayotte ou Mahori est traversée par une chaîne de collines peu élevées, les plus hautes ne dépassent pas six cents mètres et leurs versants sont garnis d'une végétation abondante.

Le rivage est excessivement marécageux et couvert de palétuviers, ce qui fait que le séjour de cette contrée est fiévreux et malsain.

C'est à Dzaoudzi, centre de la colonie, que le gouvernement local a établi sa résidence.

Le plus important village est Msapéré qui compte un millier d'habitants.

Les naturels sont indolents, paresseux ; on est obligé de faire venir de Mozambique les ouvriers nécessaires à la culture de la canne à sucre, qui autrefois était très prospère.

Le commerce en général comprend le sucre et le rhum.

.·.

Anjouan ou Johanna était autrefois très fréquentée par les navires faisant route sur l'Inde ; il n'en est plus de même aujourd'hui.

La résidence du roi est à Moussamoudou. Construite sur l'Orée, elle est défendue par deux fortins garnis de vieux canons et entourée de hautes murailles blanches en mauvais état.

Les peuples africains aiment à faire parade de vieux canons. Déjà à Tananarive, dans les différents quartiers de la ville haute, se trouvent de vieux canons en fonte que l'on utilise pour tirer des salves les jours de grande fête. C'est près de la mission catholique, non loin de la roche tarpéienne, qui surplombe le Champ-de-Mars, que l'on en trouve le plus grand nombre.

En effet, sur un petit remblai d'argile, à l'ombre de quelques rares aviavy, sont alignés vingt-cinq de ces vieux canons.

Il y en a un près du palais de la reine qui annonce le couvre-feu, tous les soirs à neuf heures, et qui, tous les matins, sert à annoncer l'heure de la corvée royale.

Tout le village de Moussamoudou est entouré de grandes murailles à terrasses, et les habitations sont des huttes couvertes en chaume.

Le terrain de l'île est formé de nombreux mornes, dont le plus élevé atteint mille deux cents mètres.

* * *

La Grande-Comore ou Ngasiya, à forme tubulaire, n'a ni ruisseaux, ni rivières. L'eau provenant des pluies, qui sont fréquentes et torrentielles, est emmagasinée dans des citernes. Le sol est fertile, la végétation abondante et spontanée.

Le cône volcanique de Kartal, encadré par une centaine de cocotiers et les flots bleus de l'Océan, s'élève à environ deux mille six cents mètres.

Partout de vastes plantations de cannes, de maïs, des forêts de cocotiers d'un beau vert et des bois ravissants de citronniers et d'orangers.

Le sultan Saïd-Ali avait conclu, en 1885, avec un négociant français, M. Humblot, un traité de commerce qui provoqua l'établissement de plusieurs Français, lorsqu'en 1886, les sultans rivaux et jaloux voulant arrêter cette immigration, se mirent en marche contre Mourouvé, la capitale de la Grande-Comore. Les Allemands n'étaient pas étrangers à cette affaire.

Saïd-Ali, qui avait demandé à plusieurs reprises, sans l'obtenir, le protectorat français, adressa un dernier appel au gouvernement qui lui envoya aussitôt l'aviso le *La Bourdonnais* et trois compagnies d'infanterie de marine du corps expéditionnaire de Madagascar, sur le *Hussard*, le *Nielly* et la *Meurthe*.

Cette colonne, sous le commandement du chef de bataillon Blanchard, fut débarquée à la baie des Essarts, par une pluie torrentielle. Les hommes, dont les vêtements étaient pénétrés, durent monter la garde pendant deux jours, drapés dans leurs couvre-pieds.

Après une marche rapide sur Mourouni ou Founbouni, pendant laquelle nos soldats furent rongés par la vermine, et sans qu'il fût besoin d'un coup de fusil le calme se rétablit.

Cette manifestation militaire avait suffi pour apaiser la révolte.

Saïd-Ali reconnaissant conféra la croix de chevalier des Comores aux officiers et au plus ancien de chaque grade parmi les militaires.

* * *

Mohéli, qui est la plus petite des Comores, jouit, comme ses sœurs plus rap-
prochées de l'Equateur que Madagascar et plus abondamment arrosées par les pluies, d'un
climat plus sain, de brises plus fortes, de saisons mieux établies et d'une excellente végétation.

MAURICE. — LES GOUHNS SONT PRÉCIPITÉS DANS LA RIVIÈRE.

NOSSI-BÉ. — OBOCK

A l'entrée de la baie de Passandava, près de la côte occidentale de Madagascar, se trouve la petite île de Nossi-Bé, vieille possession française (1841), dont la superficie est d'environ trente mille hectares. Le sol, d'origine volcanique, est merveilleusement fertile.

Entourée de nombreux ilots, sans importance réelle, dont les principaux sont Nossi-Comba, Nossi-Mitsion, Nossi-Lava, Nossi-Faly, voisine de la grande terre, d'un mouillage excellent, d'un climat plus salubre, Nossi-Bé est appelée à une grande prospérité.

Elle est continuellement fréquentée par le cabotage des côtes d'Afrique et de Madagascar; une foire importante s'y tient chaque année.

Autrefois, la culture du café était très active à Nossi-Bé; elle est presque complétement abandonnée aujourd'hui, par suite d'une maladie qui ruina les plantations. La culture de la canne à sucre, de l'indigo et de la vanille est en plein rapport, et le chiffre des importations prend de l'importance tous les ans.

La capitale Helleville est une petite ville construite en pierres qui est pourvue d'une jetée munie d'un chemin de fer Decauville, d'un appontement facilitant le déchargement des bestiaux en toute saison, de hangars et magasins à charbon, etc.

.•.

Je termine cette description des satellites de Madagascar par quelques mots sur Obock où j'ai séjourné quelques jours, en rentrant en France.

Obock, situé sur une pointe sablonneuse et stérile que précèdent deux ilots peu importants, est construit à l'européenne. Il n'y a guère qu'une douzaine de constructions, dont la plus importante et la plus jolie, celle des Messageries maritimes, entourée par un grand mur d'enceinte, puis la maison du Gouverneur et la caserne d'Infanterie de marine.

Ces constructions sont en belles pierres blanches et contrastent énormément avec le reste du paysage, d'énormes montagnes granitiques, sans cesse brûlées par le soleil et dont la configuration est des plus bizarres.

Vues de loin, toutes ces élévations ont des formes géométriques; elles paraissent avoir été travaillées par la main de l'homme. On se croirait devant une formidable ligne de fortifications.

Le long de la plage, adossées à une sorte de remblai, sont disposées quelques cases d'indigènes, gens bizarres, criards, comme tous les Africains, qui, à chaque arrivée de bateau, se précipitent dans leurs pirogues et viennent vous offrir du poisson, des dattes et autres fruits, ainsi que du corail, des défenses d'éléphants, des œufs d'autruches et différents articles de vannerie.

Les femmes d'Obock, les dames Dankalies ont des yeux noirs brillants et moqueurs.

Obock a un phare, sentinelle vigilante, qui empêche les navires de venir se briser sur les rochers.

Sur la plage on aperçoit quelques brousses maigriottes et quelques ajoncs servant de gîte à une infinité d'oiseaux.

Malgré quelques appontements, l'embarquement et le débarquement des marchandises sont pénibles. Le peu de profondeur de l'eau près du rivage empêche la moindre chaloupe d'accoster, en sorte qu'on est obligé de se mettre à l'eau et de faire la chaîne pour opérer.

Les environs d'Obock sont fréquentés par la gazelle, le chacal, l'autruche et l'éléphant.

Obock est appelé à nous rendre de grands services par son dépôt de charbon. Sa situation à l'entrée de la mer des Indes est des plus favorables et nos navires peuvent se ravitailler sans qu'il soit nécessaire de passer par les mains de la pudique Albion, comme nous étions obligés de le faire autrefois à Aden.

On est arrivé à cultiver quelques légumes, ce qui ne peut se faire à Aden où l'eau douce fait complètement défaut.

Au point de vue commercial, Obock est appelé à devenir un débouché des productions du Harrar, du Choa et de l'Ethiopie du Sud.

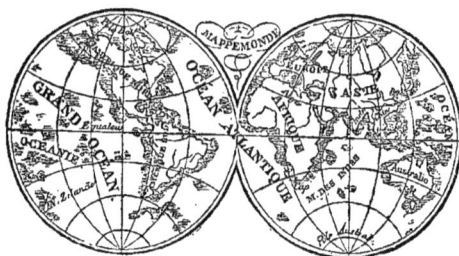

ASPECT GÉNÉRAL

Dans mes descriptions détaillées et cependant encore trop succinctes de Madagascar, je me suis attaché à parler un peu de tout, la plume au vent, de sa faune, de sa flore, de ses baies, de ses caps, de ses îles, de ses habitants, de la religion, des usages et des coutumes, de son commerce et de son industrie, de ses principales villes et aussi des émotions que vous procure cette route pittoresque, interminable qui, partant de la côte à Tamatave, s'élance à travers les sables herbeux, la végétation tropicale de la plaine orientale de la grande île, franchit les rivières, les bois et les lacs, commence l'ascension d'une première chaîne, d'une deuxième, d'une troisième pour arriver, enfin, au sommet du haut plateau qui occupe tout l'intérieur du pays au milieu duquel se trouve la capitale des Hovas.

Il serait bon, aujourd'hui, de parler en quelques lignes de son aspect général :

C'est après Bornéo, Sumatra et la Grande-Bretagne, la plus vaste île du monde.

La grande île africaine de l'Océan Indien (Hiera-Bé, la grande terre) se trouve à moitié chemin de la Réunion et de la côte orientale de l'Afrique centrale, et s'étend avec une largeur variable sur une longueur de cent trente-deux myriamètres du Nord-Est au Sud-Ouest. Sa plus grande largeur est de cinquante-cinq myriamètres de l'Est à l'Ouest, soit cinquante mille kilomètres carrés de plus que la France.

Vue d'un navire arrivant par la pleine mer, cette île magnifique offre un vaste amphithéâtre de montagnes superposées, formant des échelons verdoyants, revêtant des teintes diverses, depuis les verts les plus vifs jusqu'au teintes azurées des pics ardus qui se confondent avec le bleu foncé du ciel.

Une ceinture verdoyante commençant au rivage entoure l'île complètement; puis, c'est un long chapelet de mamelons et de pics dénudés, auxquels succèdent de nombreuses montagnes aux larges assises qui, s'éteignent, s'éloignent, se rapprochent, se prolongent ou finissent brusquement, ce qui a fait dire que Madagascar était un Océan de montagnes.

Ici, des précipices sans fond, des murailles à pic de roches basaltiques, des crêtes sans fin ; là, des plaines immenses au milieu desquelles se dressent des roches énormes qui se perdent dans le ciel; partout des lacs, aussi bien sur les hauts plateaux que dans les bas fonds; de grands fleuves, de longues rivières, des ruisseaux sans nombre qui serpentent agréablement dans la plaine, découlent des montagnes, traversent des forêts impénétrables, se changent en torrents avant d'arriver aux plages qui les conduisent à la mer.

La plupart de ces torrents, barrés de rocs, forment des cataractes, charrient des détritus végétaux et organiques qui s'accumulent à l'embouchure, forment des barres et des marais d'où se dégagent des miasmes qui engendrent les fièvres palustres.

C'est un gigantesque bouleversement de multiples soulèvements granitiques, au milieu duquel, cependant, on distingue cinq chaînes de montagnes filant du Nord au Sud et séparées entre elles tantôt par des plateaux et des ravins, tantôt par des plaines sablonneuses.

Les Hovas se sont établis sur le plateau central. Les provinces du littoral, portant le nom des tribus qui les habitent, sont délimitées par des bois, des rivières ou des savanes.

La province la plus importante, la plus peuplée et la plus intelligente est l'Ankove, dans une succession de collines arides, séparées par des marais couverts de plantes aquatiques.

L'air est vivifiant et le climat salubre. Le sol, en général, aride, ne renferme point de forêts. Sur les pentes des montagnes, riches en sources ferrugineuses, pousse une herbe courte. La culture comprend le riz, la canne à sucre, le manioc, les patates.

En général, la côte orientale, aux montagnes à pentes douces très fertiles, fournit une végétation luxuriante; au contraire, les plateaux de l'intérieur sont pour la plupart rocailleux et stériles.

Les principaux fleuves ou rivières de Madagascar sont l'Ikopa, le Betsiboka, le Mangoka, l'Honara, le Mangoro, le Manangara.

Plus étendue que la France, Madagascar a une superficie d'environ six cents mille kilomètres carrés et sa population, diversement estimée, peut s'élever à environ quatre millions d'habitants.

TABLE DES MATIÈRES

TABLE DES GRAVURES

Rouen. — Imp. Emile DESNAYS et C°, rue des Carmes, 58.